Verbi in tasca

Tutti i verbi regolari e irregolari della lingua italiana

© 2002 – ELI s.r.l.
Casella Postale 6 – Recanati – Italia
Tel.: +39/071.750701 – Fax: +39/071.977851
www.elionline.com
e-mail: info@elionline.com

Stampato in Italia presso la Tecnostampa 02.83.122.0
ISBN 88-8148-919-8

indice

introduzione

Coniugazioni, tempi e modi dei verbi italiani

I verbi italiani si dividono in verbi regolari e irregolari: i **verbi regolari** cambiano la desinenza ma non cambiano mai la radice (es. parlare: *parl-o*, *parl-ai*), i **verbi irregolari** cambiano anche la radice, parzialmente in alcuni casi (es. perdere: *perdo, persi*) o completamente in altri casi (es. essere: *sono, fui*). Le **coniugazioni** dei verbi regolari dipendono dall'infinito in **-are, -ere, -ire**; i verbi irregolari, invece, hanno la loro propria specifica coniugazione (es. andare: *vado, andai*) o divergono in alcune forme dalle coniugazioni regolari (es. prendere: *prendo, presi*).

Quando si parla del **tempo** di un verbo, si vuole indicare il tempo **passato**, **presente** o **futuro** di un'azione. Esistono tempi semplici e composti: i tempi semplici sono formati solo dal verbo coniugato; i tempi composti sono formati dal verbo ausiliare essere o avere + il participio passato del verbo coniugato.

Il **modo** di un verbo indica il modo in cui l'azione è espressa: **indicativo**, **congiuntivo**, **condizionale**, **imperativo**, **gerundio**, **participio**, **infinito** sono i modi in cui si possono coniugare i verbi della lingua italiana.

Verbi in tasca

Verbi in tasca è un manuale di facile consultazione che aiuta gli studenti di italiano come seconda lingua o come lingua straniera a coniugare e memorizzare in modo efficace i verbi italiani, grazie a **100 tavole con la coniugazione dei verbi regolari e irregolari di uso frequente**, che servono da modello per coniugare tutti i verbi della lingua italiana.

In ogni tavola si trova la **traduzione** in cinque lingue straniere dell'infinito del verbo coniugato (nell'ordine: **inglese**, **francese**, **tedesco**, **spagnolo**, **portoghese**) per facilitare la comprensione del suo significato. Nei casi in cui il verbo abbia più di un significato, è stato considerato e tradotto quello più comune e/o di uso più frequente (es. crescere = to grow · grandir · wachsen · crecer · crescer, nel significato di "diventare grande").

Un **indice alfabetico** dei verbi italiani e dettagliate **note** grammaticali e lessicali completano il volume.

Struttura del volume

1. Il volume inizia con la coniugazione dei **verbi ausiliari essere e avere**, poiché sono questi i verbi che gli studenti devono necessariamente utilizzare a livello di "sopravvivenza linguistica".

2. Subito dopo, sono coniugati i **verbi modello delle tre coniugazioni** (in -**are**, -**ere**, -**ire**): parlare, credere, sentire, includendo nella terza coniugazione il verbo capire (in -**isco**). In questa sezione, sono evidenziate tutte le desinenze dei verbi modello, per facilitarne la comprensione e la memorizzazione.

3. In seguito, si trova una sezione dedicata alle **coniugazioni dei verbi regolari** di uso frequente che presentano alcune **particolarità fonetiche**, ad esempio: baciare, cambiare, giocare, inviare, mangiare, sognare, spiegare, ecc.

4. Nella sezione successiva, sono presentati in ordine alfabetico i numerosi **verbi irregolari** delle tre coniugazioni, con l'obiettivo di facilitare la consultazione di questi verbi. In questa sezione si trova anche la coniugazione della forma riflessiva di un verbo irregolare di uso frequente (sedere/sedersi).

5. Dopo le sezioni dei verbi coniugati il volume offre l'**indice alfabetico dei verbi italiani** con più di 1.300 verbi presentati in questo modo: infinito del verbo da coniugare – verbo modello per la sua coniugazione – verbo ausiliare da utilizzare per i suoi tempi composti – pagina del verbo coniugato (o del suo verbo modello).

6. In appendice si trovano le **note** con informazioni grammaticali e lessicali, che riguardano tutti i verbi coniugati e i loro composti, come pure alcuni verbi regolari con forme particolari e alcuni verbi irregolari di uso meno frequente che si trovano nell'indice alfabetico dei verbi italiani e che sono contraddistinti da un numero tra parentesi indicante la pagina delle relative note specifiche.

Legenda
es. = esempio
intr. = intransitivo
tr. = transitivo

essere

● Indicativo

	presente	imperfetto	passato remoto	futuro semplice
io	sono	ero	fui	sarò
tu	sei	eri	fosti	sarai
lui/lei	è	era	fu	sarà
noi	siamo	eravamo	fummo	saremo
voi	siete	eravate	foste	sarete
loro	sono	erano	furono	saranno

	passato prossimo	trapassato prossimo	trapassato remoto	futuro anteriore
io	sono stato/a	ero stato/a	fui stato/a	sarò stato/a
tu	sei stato/a	eri stato/a	fosti stato/a	sarai stato/a
lui/lei	è stato/a	era stato/a	fu stato/a	sarà stato/a
noi	siamo stati/e	eravamo stati/e	fummo stati/e	saremo stati/e
voi	siete stati/e	eravate stati/e	foste stati/e	sarete stati/e
loro	sono stati/e	erano stati/e	furono stati/e	saranno stati/e

● Congiuntivo

	presente	imperfetto	passato	trapassato
io	sia	fossi	sia stato/a	fossi stato/a
tu	sia	fossi	sia stato/a	fossi stato/a
lui/lei	sia	fosse	sia stato/a	fosse stato/a
noi	siamo	fossimo	siamo stati/e	fossimo stati/e
voi	siate	foste	siate stati/e	foste stati/e
loro	siano	fossero	siano stati/e	fossero stati/e

● Condizionale

	semplice	composto
io	sarei	sarei stato/a
tu	saresti	saresti stato/a
lui/lei	sarebbe	sarebbe stato/a
noi	saremmo	saremmo stati/e
voi	sareste	sareste stati/e
loro	sarebbero	sarebbero stati/e

● Imperativo

presente
—
sii
sia
siamo
siate
siano

note a pagina 128

● Gerundio

semplice
essendo

composto
essendo stato/a/i/e

● Participio

presente
essente

passato
stato/a/i/e

● Infinito

presente
essere

passato
essere stato

6

avere

● Indicativo

presente	imperfetto	passato remoto	futuro semplice	
ho	avevo	ebbi	avrò	io
hai	avevi	avesti	avrai	tu
ha	aveva	ebbe	avrà	lui/lei
abbiamo	avevamo	avemmo	avremo	noi
avete	avevate	aveste	avrete	voi
hanno	avevano	ebbero	avranno	loro

passato prossimo	trapassato prossimo	trapassato remoto	futuro anteriore	
ho avuto	avevo avuto	ebbi avuto	avrò avuto	io
hai avuto	avevi avuto	avesti avuto	avrai avuto	tu
ha avuto	aveva avuto	ebbe avuto	avrà avuto	lui/lei
abbiamo avuto	avevamo avuto	avemmo avuto	avremo avuto	noi
avete avuto	avevate avuto	aveste avuto	avrete avuto	voi
hanno avuto	avevano avuto	ebbero avuto	avranno avuto	loro

● Congiuntivo

presente	imperfetto	passato	trapassato	
abbia	avessi	abbia avuto	avessi avuto	io
abbia	avessi	abbia avuto	avessi avuto	tu
abbia	avesse	abbia avuto	avesse avuto	lui/lei
abbiamo	avessimo	abbiamo avuto	avessimo avuto	noi
abbiate	aveste	abbiate avuto	aveste avuto	voi
abbiano	avessero	abbiano avuto	avessero avuto	loro

● Imperativo ● Condizionale

note a pagina 128

presente		semplice	composto	
—		avrei	avrei avuto	io
abbi		avresti	avresti avuto	tu
abbia		avrebbe	avrebbe avuto	lui/lei
abbiamo		avremmo	avremmo avuto	noi
abbiate		avreste	avreste avuto	voi
abbiano		avrebbero	avrebbero avuto	loro

● Infinito ● Participio ● Gerundio

presente	presente	semplice
avere	avente	avendo
passato	passato	composto
avere avuto	avuto	avendo avuto

7

parlare

● Indicativo

	presente	imperfetto	passato remoto	futuro semplice
io	parlo	parlavo	parlai	parlerò
tu	parli	parlavi	parlasti	parlerai
lui/lei	parla	parlava	parlò	parlerà
noi	parliamo	parlavamo	parlammo	parleremo
voi	parlate	parlavate	parlaste	parlerete
loro	parlano	parlavano	parlarono	parleranno

	passato prossimo	trapassato prossimo	trapassato remoto	futuro anteriore
io	ho parlato	avevo parlato	ebbi parlato	avrò parlato
tu	hai parlato	avevi parlato	avesti parlato	avrai parlato
lui/lei	ha parlato	aveva parlato	ebbe parlato	avrà parlato
noi	abbiamo parlato	avevamo parlato	avemmo parlato	avremo parlato
voi	avete parlato	avevate parlato	aveste parlato	avrete parlato
loro	hanno parlato	avevano parlato	ebbero parlato	avranno parlato

● Congiuntivo

	presente	imperfetto	passato	trapassato
io	parli	parlassi	abbia parlato	avessi parlato
tu	parli	parlassi	abbia parlato	avessi parlato
lui/lei	parli	parlasse	abbia parlato	avesse parlato
noi	parliamo	parlassimo	abbiamo parlato	avessimo parlato
voi	parliate	parlaste	abbiate parlato	aveste parlato
loro	parlino	parlassero	abbiano parlato	avessero parlato

● Condizionale

	semplice	composto
io	parlerei	avrei parlato
tu	parleresti	avresti parlato
lui/lei	parlerebbe	avrebbe parlato
noi	parleremmo	avremmo parlato
voi	parlereste	avreste parlato
loro	parlerebbero	avrebbero parlato

● Imperativo

	presente
io	—
tu	parla
lui/lei	parli
noi	parliamo
voi	parlate
loro	parlino

note a pagina 128

● Gerundio

semplice
parlando

composto
avendo parlato

● Participio

presente
parlante

passato
parlato

● Infinito

presente
parlare

passato
avere parlato

to believe · croire · glauben · creer · acreditar

credere

● Indicativo

presente	imperfetto	passato remoto	futuro semplice	
credo	credevo	credei/credetti	crederò	io
credi	credevi	credesti	crederai	tu
crede	credeva	credé/credette	crederà	lui/lei
crediamo	credevamo	credemmo	crederemo	noi
credete	credevate	credeste	crederete	voi
credono	credevano	crederono/credettero	crederanno	loro

passato prossimo	trapassato prossimo	trapassato remoto	futuro anteriore	
ho creduto	avevo creduto	ebbi creduto	avrò creduto	io
hai creduto	avevi creduto	avesti creduto	avrai creduto	tu
ha creduto	aveva creduto	ebbe creduto	avrà creduto	lui/lei
abbiamo creduto	avevamo creduto	avemmo creduto	avremo creduto	noi
avete creduto	avevate creduto	aveste creduto	avrete creduto	voi
hanno creduto	avevano creduto	ebbero creduto	avranno creduto	loro

● Congiuntivo

presente	imperfetto	passato	trapassato	
creda	credessi	abbia creduto	avessi creduto	io
creda	credessi	abbia creduto	avessi creduto	tu
creda	credesse	abbia creduto	avesse creduto	lui/lei
crediamo	credessimo	abbiamo creduto	avessimo creduto	noi
crediate	credeste	abbiate creduto	aveste creduto	voi
credano	credessero	abbiano creduto	avessero creduto	loro

note a pagina 129

● Imperativo   ● Condizionale

presente	semplice	composto	
—	crederei	avrei creduto	io
credi	crederesti	avresti creduto	tu
creda	crederebbe	avrebbe creduto	lui/lei
crediamo	crederemmo	avremmo creduto	noi
credete	credereste	avreste creduto	voi
credano	crederebbero	avrebbero creduto	loro

● Infinito   ● Participio   ● Gerundio

presente	presente	semplice
credere	credente	credendo

passato	passato	composto
avere creduto	creduto	avendo creduto

9

sentire

to hear · entendre · hören · oír · ouvir

● Indicativo

	presente	imperfetto	passato remoto	futuro semplice
io	sento	sentivo	sentii	sentirò
tu	senti	sentivi	sentisti	sentirai
lui/lei	sente	sentiva	sentì	sentirà
noi	sentiamo	sentivamo	sentimmo	sentiremo
voi	sentite	sentivate	sentiste	sentirete
loro	sentono	sentivano	sentirono	sentiranno

	passato prossimo	trapassato prossimo	trapassato remoto	futuro anteriore
io	ho sentito	avevo sentito	ebbi sentito	avrò sentito
tu	hai sentito	avevi sentito	avesti sentito	avrai sentito
lui/lei	ha sentito	aveva sentito	ebbe sentito	avrà sentito
noi	abbiamo sentito	avevamo sentito	avemmo sentito	avremo sentito
voi	avete sentito	avevate sentito	aveste sentito	avrete sentito
loro	hanno sentito	avevano sentito	ebbero sentito	avranno sentito

● Congiuntivo

	presente	imperfetto	passato	trapassato
io	senta	sentissi	abbia sentito	avessi sentito
tu	senta	sentissi	abbia sentito	avessi sentito
lui/lei	senta	sentisse	abbia sentito	avesse sentito
noi	sentiamo	sentissimo	abbiamo sentito	avessimo sentito
voi	sentiate	sentiste	abbiate sentito	aveste sentito
loro	sentano	sentissero	abbiano sentito	avessero sentito

● Condizionale

	semplice	composto
io	sentirei	avrei sentito
tu	sentiresti	avresti sentito
lui/lei	sentirebbe	avrebbe sentito
noi	sentiremmo	avremmo sentito
voi	sentireste	avreste sentito
loro	sentirebbero	avrebbero sentito

● Imperativo

	presente
io	—
tu	senti
lui/lei	senta
noi	sentiamo
voi	sentite
loro	sentano

note a pagina 129

● Gerundio

semplice
sentendo

composto
avendo sentito

● Participio

presente
sentente

passato
sentito

● Infinito

presente
sentire

passato
avere sentito

10

verbo modello della terza coniugazione (-isco)

to understand · comprendre
verstehen · entender · entender

capire

● Indicativo

presente	imperfetto	passato remoto	futuro semplice	
capisco	capivo	capii	capirò	io
capisci	capivi	capisti	capirai	tu
capisce	capiva	capì	capirà	lui/lei
capiamo	capivamo	capimmo	capiremo	noi
capite	capivate	capiste	capirete	voi
capiscono	capivano	capirono	capiranno	loro

passato prossimo	trapassato prossimo	trapassato remoto	futuro anteriore	
ho capito	avevo capito	ebbi capito	avrò capito	io
hai capito	avevi capito	avesti capito	avrai capito	tu
ha capito	aveva capito	ebbe capito	avrà capito	lui/lei
abbiamo capito	avevamo capito	ebbero capito	avremo capito	noi
avete capito	avevate capito	aveste capito	avrete capito	voi
hanno capito	avevano capito	ebbero capito	avranno capito	loro

● Congiuntivo

presente	imperfetto	passato	trapassato	
capisca	capissi	abbia capito	avessi capito	io
capisca	capissi	abbia capito	avessi capito	tu
capisca	capisse	abbia capito	avesse capito	lui/lei
capiamo	capissimo	abbiamo capito	avessimo capito	noi
capiate	capiste	abbiate capito	aveste capito	voi
capiscano	capissero	abbiano capito	avessero capito	loro

note a pagina 129

● Imperativo   ● Condizionale

presente	semplice	composto	
—	capirei	avrei capito	io
capisci	capiresti	avresti capito	tu
capisca	capirebbe	avrebbe capito	lui/lei
capiamo	capiremmo	avremmo capito	noi
capite	capireste	avreste capito	voi
capiscano	capirebbero	avrebbero capito	loro

● Infinito   ● Participio   ● Gerundio

presente	presente	semplice
capire	capente	capendo

passato	passato	composto
avere capito	capito	avendo capito

11

baciare

● Indicativo

	presente	imperfetto	passato remoto	futuro semplice
io	bacio	baciavo	baciai	bacerò
tu	baci	baciavi	baciasti	bacerai
lui/lei	bacia	baciava	baciò	bacerà
noi	baciamo	baciavamo	baciammo	baceremo
voi	baciate	baciavate	baciaste	bacerete
loro	baciano	baciavano	baciarono	baceranno

	passato prossimo	trapassato prossimo	trapassato remoto	futuro anteriore
io	ho baciato	avevo baciato	ebbi baciato	avrò baciato
tu	hai baciato	avevi baciato	avesti baciato	avrai baciato
lui/lei	ha baciato	aveva baciato	ebbe baciato	avrà baciato
noi	abbiamo baciato	avevamo baciato	avemmo baciato	avremo baciato
voi	avete baciato	avevate baciato	aveste baciato	avrete baciato
loro	hanno baciato	avevano baciato	ebbero baciato	avranno baciato

● Congiuntivo

	presente	imperfetto	passato	trapassato
io	baci	baciassi	abbia baciato	avessi baciato
tu	baci	baciassi	abbia baciato	avessi baciato
lui/lei	baci	baciasse	abbia baciato	avesse baciato
noi	baciamo	baciassimo	abbiamo baciato	avessimo baciato
voi	baciate	baciaste	abbiate baciato	aveste baciato
loro	bacino	baciassero	abbiano baciato	avessero baciato

● Condizionale

	semplice	composto
io	bacerei	avrei baciato
tu	baceresti	avresti baciato
lui/lei	bacerebbe	avrebbe baciato
noi	baceremmo	avremmo baciato
voi	bacereste	avreste baciato
loro	bacerebbero	avrebbero baciato

● Imperativo

	presente
io	—
tu	bacia
lui/lei	baci
noi	baciamo
voi	baciate
loro	bacino

note a pagina 128

● Gerundio

semplice
baciando

composto
avendo baciato

● Participio

presente
baciante

passato
baciato

● Infinito

presente
baciare

passato
avere baciato

12

to change · changer
wechseln · cambiar · trocar

cambiare

● Indicativo

presente	imperfetto	passato remoto	futuro semplice	
cambio	cambiavo	cambiai	cambierò	io
cambi	cambiavi	cambiasti	cambierai	tu
cambia	cambiava	cambiò	cambierà	lui/lei
cambiamo	cambiavamo	cambiammo	cambieremo	noi
cambiate	cambiavate	cambiaste	cambierete	voi
cambiano	cambiavano	cambiarono	cambieranno	loro

passato prossimo	trapassato prossimo	trapassato remoto	futuro anteriore	
ho cambiato	avevo cambiato	ebbi cambiato	avrò cambiato	io
hai cambiato	avevi cambiato	avesti cambiato	avrai cambiato	tu
ha cambiato	aveva cambiato	ebbe cambiato	avrà cambiato	lui/lei
abbiamo cambiato	avevamo cambiato	avemmo cambiato	avremo cambiato	noi
avete cambiato	avevate cambiato	aveste cambiato	avrete cambiato	voi
hanno cambiato	avevano cambiato	ebbero cambiato	avranno cambiato	loro

● Congiuntivo

presente	imperfetto	passato	trapassato	
cambi	cambiassi	abbia cambiato	avessi cambiato	io
cambi	cambiassi	abbia cambiato	avessi cambiato	tu
cambi	cambiasse	abbia cambiato	avesse cambiato	lui/lei
cambiamo	cambiassimo	abbiamo cambiato	avessimo cambiato	noi
cambiate	cambiaste	abbiate cambiato	aveste cambiato	voi
cambino	cambiassero	abbiano cambiato	avessero cambiato	loro

note a pagina 128

● Imperativo   ## ● Condizionale

presente		semplice	composto	
—		cambierei	avrei cambiato	io
cambia		cambieresti	avresti cambiato	tu
cambi		cambierebbe	avrebbe cambiato	lui/lei
cambiamo		cambieremmo	avremmo cambiato	noi
cambiate		cambiereste	avreste cambiato	voi
cambino		cambierebbero	avrebbero cambiato	loro

● Infinito   ## ● Participio   ## ● Gerundio

presente	presente	semplice
cambiare	cambiante	cambiando

passato	passato	composto
avere cambiato	cambiato	avendo cambiato

13

cominciare

● Indicativo

	presente	imperfetto	passato remoto	futuro semplice
io	comincio	cominciavo	cominciai	comincerò
tu	cominci	cominciavi	cominciasti	comincerai
lui/lei	comincia	cominciava	cominciò	comincerà
noi	cominciamo	cominciavamo	cominciammo	cominceremo
voi	cominciate	cominciavate	cominciaste	comincerete
loro	cominciano	cominciavano	cominciarono	cominceranno

	passato prossimo	trapassato prossimo	trapassato remoto	futuro anteriore
io	ho cominciato	avevo cominciato	ebbi cominciato	avrò cominciato
tu	hai cominciato	avevi cominciato	avesti cominciato	avrai cominciato
lui/lei	ha cominciato	aveva cominciato	ebbe cominciato	avrà cominciato
noi	abbiamo cominciato	avevamo cominciato	avemmo cominciato	avremo cominciato
voi	avete cominciato	avevate cominciato	aveste cominciato	avrete cominciato
loro	hanno cominciato	avevano cominciato	ebbero cominciato	avranno cominciato

● Congiuntivo

	presente	imperfetto	passato	trapassato
io	cominci	cominciassi	abbia cominciato	avessi cominciato
tu	cominci	cominciassi	abbia cominciato	avessi cominciato
lui/lei	cominci	cominciasse	abbia cominciato	avesse cominciato
noi	cominciamo	cominciassimo	abbiamo cominciato	avessimo cominciato
voi	cominciate	cominciaste	abbiate cominciato	aveste cominciato
loro	comincino	cominciassero	abbiano cominciato	avessero cominciato

● Condizionale

	semplice	composto
io	comincerei	avrei cominciato
tu	cominceresti	avresti cominciato
lui/lei	comincerebbe	avrebbe cominciato
noi	cominceremmo	avremmo cominciato
voi	comincereste	avreste cominciato
loro	comincerebbero	avrebbero cominciato

● Imperativo

	presente
io	—
tu	comincia
lui/lei	cominci
noi	cominciamo
voi	cominciate
loro	comincino

note a pagina 128

● Gerundio

semplice
cominciando

composto
avendo cominciato

● Participio

presente
cominciante

passato
cominciato

● Infinito

presente
cominciare

passato
avere cominciato

to play · jouer · spielen · jugar · jogar

giocare

● Indicativo

presente	imperfetto	passato remoto	futuro semplice	
gioco	giocavo	giocai	giocherò	io
giochi	giocavi	giocasti	giocherai	tu
gioca	giocava	giocò	giocherà	lui/lei
giochiamo	giocavamo	giocammo	giocheremo	noi
giocate	giocavate	giocaste	giocherete	voi
giocano	giocavano	giocarono	giocheranno	loro

passato prossimo	trapassato prossimo	trapassato remoto	futuro anteriore	
ho giocato	avevo giocato	ebbi giocato	avrò giocato	io
hai giocato	avevi giocato	avesti giocato	avrai giocato	tu
ha giocato	aveva giocato	ebbe giocato	avrà giocato	lui/lei
abbiamo giocato	avevamo giocato	avemmo giocato	avremo giocato	noi
avete giocato	avevate giocato	aveste giocato	avrete giocato	voi
hanno giocato	avevano giocato	ebbero giocato	avranno giocato	loro

● Congiuntivo

presente	imperfetto	passato	trapassato	
giochi	giocassi	abbia giocato	avessi giocato	io
giochi	giocassi	abbia giocato	avessi giocato	tu
giochi	giocasse	abbia giocato	avesse giocato	lui/lei
giochiamo	giocassimo	abbiamo giocato	avessimo giocato	noi
giochiate	giocaste	abbiate giocato	aveste giocato	voi
giochino	giocassero	abbiano giocato	avessero giocato	loro

● Imperativo   ● Condizionale

note a pagina 128

presente	semplice	composto	
—	giocherei	avrei giocato	io
gioca	giocheresti	avresti giocato	tu
giochi	giocherebbe	avrebbe giocato	lui/lei
giochiamo	giocheremmo	avremmo giocato	noi
giocate	giochereste	avreste giocato	voi
giochino	giocherebbero	avrebbero giocato	loro

● Infinito   ● Participio   ● Gerundio

presente	presente	semplice
giocare	giocante	giocando

passato	passato	composto
avere giocato	giocato	avendo giocato

15

inviare

to send · envoyer · senden · enviar · enviar

● Indicativo

	presente	imperfetto	passato remoto	futuro semplice
io	invio	inviavo	inviai	invierò
tu	invii	inviavi	inviasti	invierai
lui/lei	invia	inviava	inviò	invierà
noi	inviamo	inviavamo	inviammo	invieremo
voi	inviate	inviavate	inviaste	invierete
loro	inviano	inviavano	inviarono	invieranno

	passato prossimo	trapassato prossimo	trapassato remoto	futuro anteriore
io	ho inviato	avevo inviato	ebbi inviato	avrò inviato
tu	hai inviato	avevi inviato	avesti inviato	avrai inviato
lui/lei	ha inviato	aveva inviato	ebbe inviato	avrà inviato
noi	abbiamo inviato	avevamo inviato	avemmo inviato	avremo inviato
voi	avete inviato	avevate inviato	aveste inviato	avrete inviato
loro	hanno inviato	avevano inviato	ebbero inviato	avranno inviato

● Congiuntivo

	presente	imperfetto	passato	trapassato
io	invii	inviassi	abbia inviato	avessi inviato
tu	invii	inviassi	abbia inviato	avessi inviato
lui/lei	invii	inviasse	abbia inviato	avesse inviato
noi	inviamo	inviassimo	abbiamo inviato	avessimo inviato
voi	inviate	inviaste	abbiate inviato	aveste inviato
loro	inviino	inviassero	abbiano inviato	avessero inviato

● Condizionale

	semplice	composto
io	invierei	avrei inviato
tu	invieresti	avresti inviato
lui/lei	invierebbe	avrebbe inviato
noi	invieremmo	avremmo inviato
voi	inviereste	avreste inviato
loro	invierebbero	avrebbero inviato

● Imperativo

	presente
io	—
tu	invia
lui/lei	invii
noi	inviamo
voi	inviate
loro	inviino

note a pagina 128

● Gerundio

semplice
inviando

composto
avendo inviato

● Participio

presente
inviante

passato
inviato

● Infinito

presente
inviare

passato
avere inviato

lasciare

● Indicativo

presente	imperfetto	passato remoto	futuro semplice	
lascio	lasciavo	lasciai	lascerò	io
lasci	lasciavi	lasciasti	lascerai	tu
lascia	lasciava	lasciò	lascerà	lui/lei
lasciamo	lasciavamo	lasciammo	lasceremo	noi
lasciate	lasciavate	lasciaste	lascerete	voi
lasciano	lasciavano	lasciarono	lasceranno	loro

passato prossimo	trapassato prossimo	trapassato remoto	futuro anteriore	
ho lasciato	avevo lasciato	ebbi lasciato	avrò lasciato	io
hai lasciato	avevi lasciato	avesti lasciato	avrai lasciato	tu
ha lasciato	aveva lasciato	ebbe lasciato	avrà lasciato	lui/lei
abbiamo lasciato	avevamo lasciato	avemmo lasciato	avremo lasciato	noi
avete lasciato	avevate lasciato	aveste lasciato	avrete lasciato	voi
hanno lasciato	avevano lasciato	ebbero lasciato	avranno lasciato	loro

● Congiuntivo

presente	imperfetto	passato	trapassato	
lasci	lasciassi	abbia lasciato	avessi lasciato	io
lasci	lasciassi	abbia lasciato	avessi lasciato	tu
lasci	lasciasse	abbia lasciato	avesse lasciato	lui/lei
lasciamo	lasciassimo	abbiamo lasciato	avessimo lasciato	noi
lasciate	lasciaste	abbiate lasciato	aveste lasciato	voi
lascino	lasciassero	abbiano lasciato	avessero lasciato	loro

● Imperativo

presente
—
lascia
lasci
lasciamo
lasciate
lascino

note a pagina 128

● Condizionale

semplice	composto	
lascerei	avrei lasciato	io
lasceresti	avresti lasciato	tu
lascerebbe	avrebbe lasciato	lui/lei
lasceremmo	avremmo lasciato	noi
lascereste	avreste lasciato	voi
lascerebbero	avrebbero lasciato	loro

● Infinito

presente
lasciare
passato
avere lasciato

● Participio

presente
lasciante
passato
lasciato

● Gerundio

semplice
lasciando
composto
avendo lasciato

17

mangiare

● Indicativo

	presente	imperfetto	passato remoto	futuro semplice
io	mangio	mangiavo	mangiai	mangerò
tu	mangi	mangiavi	mangiasti	mangerai
lui/lei	mangia	mangiava	mangiò	mangerà
noi	mangiamo	mangiavamo	mangiammo	mangeremo
voi	mangiate	mangiavate	mangiaste	mangerete
loro	mangiano	mangiavano	mangiarono	mangeranno

	passato prossimo	trapassato prossimo	trapassato remoto	futuro anteriore
io	ho mangiato	avevo mangiato	ebbi mangiato	avrò mangiato
tu	hai mangiato	avevi mangiato	avesti mangiato	avrai mangiato
lui/lei	ha mangiato	aveva mangiato	ebbe mangiato	avrà mangiato
noi	abbiamo mangiato	avevamo mangiato	avemmo mangiato	avremo mangiato
voi	avete mangiato	avevate mangiato	aveste mangiato	avrete mangiato
loro	hanno mangiato	avevano mangiato	ebbero mangiato	avranno mangiato

● Congiuntivo

	presente	imperfetto	passato	trapassato
io	mangi	mangiassi	abbia mangiato	avessi mangiato
tu	mangi	mangiassi	abbia mangiato	avessi mangiato
lui/lei	mangi	mangiasse	abbia mangiato	avesse mangiato
noi	mangiamo	mangiassimo	abbiamo mangiato	avessimo mangiato
voi	mangiate	mangiaste	abbiate mangiato	aveste mangiato
loro	mangino	mangiassero	abbiano mangiato	avessero mangiato

● Condizionale

	semplice	composto
io	mangerei	avrei mangiato
tu	mangeresti	avresti mangiato
lui/lei	mangerebbe	avrebbe mangiato
noi	mangeremmo	avremmo mangiato
voi	mangereste	avreste mangiato
loro	mangerebbero	avrebbero mangiato

● Imperativo

	presente
io	—
tu	mangia
lui/lei	mangi
noi	mangiamo
voi	mangiate
loro	mangino

note a pagina 128

● Gerundio

semplice
mangiando

composto
avendo mangiato

● Participio

presente
mangiante

passato
mangiato

● Infinito

presente
mangiare

passato
avere mangiato

to dream · rêver · träumen · soñar · sonhar

sognare

● Indicativo

presente	imperfetto	passato remoto	futuro semplice	
sogno	sognavo	sognai	sognerò	io
sogni	sognavi	sognasti	sognerai	tu
sogna	sognava	sognò	sognerà	lui/lei
sogniamo	sognavamo	sognammo	sogneremo	noi
sognate	sognavate	sognaste	sognerete	voi
sognano	sognavano	sognarono	sogneranno	loro

passato prossimo	trapassato prossimo	trapassato remoto	futuro anteriore	
ho sognato	avevo sognato	ebbi sognato	avrò sognato	io
hai sognato	avevi sognato	avesti sognato	avrai sognato	tu
ha sognato	aveva sognato	ebbe sognato	avrà sognato	lui/lei
abbiamo sognato	avevamo sognato	avemmo sognato	avremo sognato	noi
avete sognato	avevate sognato	aveste sognato	avrete sognato	voi
hanno sognato	avevano sognato	ebbero sognato	avranno sognato	loro

● Congiuntivo

presente	imperfetto	passato	trapassato	
sogni	sognassi	abbia sognato	avessi sognato	io
sogni	sognassi	abbia sognato	avessi sognato	tu
sogni	sognasse	abbia sognato	avesse sognato	lui/lei
sogniamo	sognassimo	abbiamo sognato	avessimo sognato	noi
sogniate	sognaste	abbiate sognato	aveste sognato	voi
sognino	sognassero	abbiano sognato	avessero sognato	loro

● Imperativo   ## ● Condizionale

note a pagina 128

presente	semplice	composto	
—	sognerei	avrei sognato	io
sogna	sogneresti	avresti sognato	tu
sogni	sognerebbe	avrebbe sognato	lui/lei
sogniamo	sogneremmo	avremmo sognato	noi
sognate	sognereste	avreste sognato	voi
sognino	sognerebbero	avrebbero sognato	loro

● Infinito   ## ● Participio   ● Gerundio

presente	presente	semplice
sognare	sognante	sognando

passato	passato	composto
avere sognato	sognato	avendo sognato

19

spiegare

to explain · expliquer · erklären · explicar · explicar

● Indicativo

	presente	imperfetto	passato remoto	futuro semplice
io	spiego	spiegavo	spiegai	spiegherò
tu	spieghi	spiegavi	spiegasti	spiegherai
lui/lei	spiega	spiegava	spiegò	spiegherà
noi	spieghiamo	spiegavamo	spiegammo	spiegheremo
voi	spiegate	spiegavate	spiegaste	spiegherete
loro	spiegano	spiegavano	spiegarono	spiegheranno

	passato prossimo	trapassato prossimo	trapassato remoto	futuro anteriore
io	ho spiegato	avevo spiegato	ebbi spiegato	avrò spiegato
tu	hai spiegato	avevi spiegato	avesti spiegato	avrai spiegato
lui/lei	ha spiegato	aveva spiegato	ebbe spiegato	avrà spiegato
noi	abbiamo spiegato	avevamo spiegato	avemmo spiegato	avremo spiegato
voi	avete spiegato	avevate spiegato	aveste spiegato	avrete spiegato
loro	hanno spiegato	avevano spiegato	ebbero spiegato	avranno spiegato

● Congiuntivo

	presente	imperfetto	passato	trapassato
io	spieghi	spiegassi	abbia spiegato	avessi spiegato
tu	spieghi	spiegassi	abbia spiegato	avessi spiegato
lui/lei	spieghi	spiegasse	abbia spiegato	avesse spiegato
noi	spieghiamo	spiegassimo	abbiamo spiegato	avessimo spiegato
voi	spieghiate	spiegaste	abbiate spiegato	aveste spiegato
loro	spieghino	spiegassero	abbiano spiegato	avessero spiegato

● Condizionale

	semplice	composto
io	spiegherei	avrei spiegato
tu	spiegheresti	avresti spiegato
lui/lei	spiegherebbe	avrebbe spiegato
noi	spiegheremmo	avremmo spiegato
voi	spieghereste	avreste spiegato
loro	spiegherebbero	avrebbero spiegato

● Imperativo

	presente
io	—
tu	spiega
lui/lei	spieghi
noi	spieghiamo
voi	spiegate
loro	spieghino

note a pagina 128

● Gerundio

semplice
spiegando

composto
avendo spiegato

● Participio

presente
spiegante

passato
spiegato

● Infinito

presente
spiegare

passato
avere spiegato

20

viaggiare

● Indicativo

presente	imperfetto	passato remoto	futuro semplice	
viaggio	viaggiavo	viaggiai	viaggerò	io
viaggi	viaggiavi	viaggiasti	viaggerai	tu
viaggia	viaggiava	viaggiò	viaggerà	lui/lei
viaggiamo	viaggiavamo	viaggiammo	viaggeremo	noi
viaggiate	viaggiavate	viaggiaste	viaggerete	voi
viaggiano	viaggiavano	viaggiarono	viaggeranno	loro

passato prossimo	trapassato prossimo	trapassato remoto	futuro anteriore	
ho viaggiato	avevo viaggiato	ebbi viaggiato	avrò viaggiato	io
hai viaggiato	avevi viaggiato	avesti viaggiato	avrai viaggiato	tu
ha viaggiato	aveva viaggiato	ebbe viaggiato	avrà viaggiato	lui/lei
abbiamo viaggiato	avevamo viaggiato	avemmo viaggiato	avremo viaggiato	noi
avete viaggiato	avevate viaggiato	aveste viaggiato	avrete viaggiato	voi
hanno viaggiato	avevano viaggiato	ebbero viaggiato	avranno viaggiato	loro

● Congiuntivo

presente	imperfetto	passato	trapassato	
viaggi	viaggiassi	abbia viaggiato	avessi viaggiato	io
viaggi	viaggiassi	abbia viaggiato	avessi viaggiato	tu
viaggi	viaggiasse	abbia viaggiato	avesse viaggiato	lui/lei
viaggiamo	viaggiassimo	abbiamo viaggiato	avessimo viaggiato	noi
viaggiate	viaggiaste	abbiate viaggiato	aveste viaggiato	voi
viaggino	viaggiassero	abbiano viaggiato	avessero viaggiato	loro

● Imperativo   ● Condizionale

note a pagina 128

presente	semplice	composto	
—	viaggerei	avrei viaggiato	io
viaggia	viaggeresti	avresti viaggiato	tu
viaggi	viaggerebbe	avrebbe viaggiato	lui/lei
viaggiamo	viaggeremmo	avremmo viaggiato	noi
viaggiate	viaggereste	avreste viaggiato	voi
viaggino	viaggerebbero	avrebbero viaggiato	loro

● Infinito   ● Participio   ● Gerundio

presente	presente	semplice
viaggiare	viaggiante	viaggiando

passato	passato	composto
avere viaggiato	viaggiato	avendo viaggiato

21

accendere

● Indicativo

	presente	imperfetto	passato remoto	futuro semplice
io	accendo	accendevo	accesi	accenderò
tu	accendi	accendevi	accendesti	accenderai
lui/lei	accende	accendeva	accese	accenderà
noi	accendiamo	accendevamo	accendemmo	accenderemo
voi	accendete	accendevate	accendeste	accenderete
loro	accendono	accendevano	accesero	accenderanno

	passato prossimo	trapassato prossimo	trapassato remoto	futuro anteriore
io	ho acceso	avevo acceso	ebbi acceso	avrò acceso
tu	hai acceso	avevi acceso	avesti acceso	avrai acceso
lui/lei	ha acceso	aveva acceso	ebbe acceso	avrà acceso
noi	abbiamo acceso	avevamo acceso	avemmo acceso	avremo acceso
voi	avete acceso	avevate acceso	aveste acceso	avrete acceso
loro	hanno acceso	avevano acceso	ebbero acceso	avranno acceso

● Congiuntivo

	presente	imperfetto	passato	trapassato
io	accenda	accendessi	abbia acceso	avessi acceso
tu	accenda	accendessi	abbia acceso	avessi acceso
lui/lei	accenda	accendesse	abbia acceso	avesse acceso
noi	accendiamo	accendessimo	abbiamo acceso	avessimo acceso
voi	accendiate	accendeste	abbiate acceso	aveste acceso
loro	accendano	accendessero	abbiano acceso	avessero acceso

● Condizionale

	semplice	composto
io	accenderei	avrei acceso
tu	accenderesti	avresti acceso
lui/lei	accenderebbe	avrebbe acceso
noi	accenderemmo	avremmo acceso
voi	accendereste	avreste acceso
loro	accenderebbero	avrebbero acceso

● Imperativo

	presente
io	—
tu	accendi
lui/lei	accenda
noi	accendiamo
voi	accendete
loro	accendano

note a pagina 130

● Gerundio

semplice
accendendo

composto
avendo acceso

● Participio

presente
accendente

passato
acceso

● Infinito

presente
accendere

passato
avere acceso

22

andare

● Indicativo

presente	imperfetto	passato remoto	futuro semplice	
vado	andavo	andai	andrò	io
vai	andavi	andasti	andrai	tu
va	andava	andò	andrà	lui/lei
andiamo	andavamo	andammo	andremo	noi
andate	andavate	andaste	andrete	voi
vanno	andavano	andarono	andranno	loro

passato prossimo	trapassato prossimo	trapassato remoto	futuro anteriore	
sono andato/a	ero andato/a	fui andato/a	sarò andato/a	io
sei andato/a	eri andato/a	fosti andato/a	sarai andato/a	tu
è andato/a	era andato/a	fu andato/a	sarà andato/a	lui/lei
siamo andati/e	eravamo andati/e	fummo andati/e	saremo andati/e	noi
siete andati/e	eravate andati/e	foste andati/e	sarete andati/e	voi
sono andati/e	erano andati/e	furono andati/e	saranno andati/e	loro

● Congiuntivo

presente	imperfetto	passato	trapassato	
vada	andassi	sia andato/a	fossi andato/a	io
vada	andassi	sia andato/a	fossi andato/a	tu
vada	andasse	sia andato/a	fosse andato/a	lui/lei
andiamo	andassimo	siamo andati/e	fossimo andati/e	noi
andiate	andaste	siate andati/e	foste andati/e	voi
vadano	andassero	siano andati/e	fossero andati/e	loro

● Imperativo   ● Condizionale

note a pagina 130

presente	semplice	composto	
—	andrei	sarei andato/a	io
va'/vai	andresti	saresti andato/a	tu
vada	andrebbe	sarebbe andato/a	lui/lei
andiamo	andremmo	saremmo andati/e	noi
andate	andreste	sareste andati/e	voi
vadano	andrebbero	sarebbero andati/e	loro

● Infinito   ● Participio   ● Gerundio

presente	presente	semplice
andare	andante	andando

passato	passato	composto
essere andato/a/i/e	andato/a/i/e	essendo andato/a/i/e

23

apparire

to appear · paraître
scheinen · aparecer · aparecer

● Indicativo

	presente	imperfetto	passato remoto	futuro semplice
io	appaio	apparivo	apparvi	apparirò
tu	appari	apparivi	apparisti	apparirai
lui/lei	appare	appariva	apparve	apparirà
noi	appariamo	apparivamo	apparimmo	appariremo
voi	apparite	apparivate	appariste	apparirete
loro	appaiono	apparivano	apparvero	appariranno

	passato prossimo	trapassato prossimo	trapassato remoto	futuro anteriore
io	sono apparso/a	ero apparso/a	fui apparso/a	sarò apparso/a
tu	sei apparso/a	eri apparso/a	fosti apparso/a	sarai apparso/a
lui/lei	è apparso/a	era apparso/a	fu apparso/a	sarà apparso/a
noi	siamo apparsi/e	eravamo apparsi/e	fummo apparsi/e	saremo apparsi/e
voi	siete apparsi/e	eravate apparsi/e	foste apparsi/e	sarete apparsi/e
loro	sono apparsi/e	erano apparsi/e	furono apparsi/e	saranno apparsi/e

● Congiuntivo

	presente	imperfetto	passato	trapassato
io	appaia	apparissi	sia apparso/a	fossi apparso/a
tu	appaia	apparissi	sia apparso/a	fossi apparso/a
lui/lei	appaia	apparisse	sia apparso/a	fosse apparso/a
noi	appariamo	apparissimo	siamo apparsi/e	fossimo apparsi/e
voi	appariate	appariste	siate apparsi/e	foste apparsi/e
loro	appaiano	apparissero	siano apparsi/e	fossero apparsi/e

● Condizionale

	semplice	composto
io	apparirei	sarei apparso/a
tu	appariresti	saresti apparso/a
lui/lei	apparirebbe	sarebbe apparso/a
noi	appariremmo	saremmo apparsi/e
voi	apparireste	sareste apparsi/e
loro	apparirebbero	sarebbero apparsi/e

● Imperativo

	presente
io	—
tu	appari
lui/lei	appaia
noi	appariamo
voi	apparite
loro	appaiano

note a pagina 130

● Gerundio

semplice
apparendo

composto
essendo apparso/a/i/e

● Participio

presente
apparente

passato
apparso/a/i/e

● Infinito

presente
apparire

passato
essere apparso/a/i/e

24

to open · ouvrir · öffnen · abrir · abrir

aprire

● Indicativo

presente	imperfetto	passato remoto	futuro semplice	
apro	aprivo	aprii	aprirò	io
apri	aprivi	apristi	aprirai	tu
apre	apriva	aprì	aprirà	lui/lei
apriamo	aprivamo	aprimmo	apriremo	noi
aprite	aprivate	apriste	aprirete	voi
aprono	aprivano	aprirono	apriranno	loro

passato prossimo	trapassato prossimo	trapassato remoto	futuro anteriore	
ho aperto	avevo aperto	ebbi aperto	avrò aperto	io
hai aperto	avevi aperto	avesti aperto	avrai aperto	tu
ha aperto	aveva aperto	ebbe aperto	avrà aperto	lui/lei
abbiamo aperto	avevamo aperto	avemmo aperto	avremo aperto	noi
avete aperto	avevate aperto	aveste aperto	avrete aperto	voi
hanno aperto	avevano aperto	ebbero aperto	avranno aperto	loro

● Congiuntivo

presente	imperfetto	passato	trapassato	
apra	aprissi	abbia aperto	avessi aperto	io
apra	aprissi	abbia aperto	avessi aperto	tu
apra	aprisse	abbia aperto	avesse aperto	lui/lei
apriamo	aprissimo	abbiamo aperto	avessimo aperto	noi
apriate	apriste	abbiate aperto	aveste aperto	voi
aprano	aprissero	abbiano aperto	avessero aperto	loro

note a pagina 130

● Imperativo

presente
—
apri
apra
apriamo
aprite
aprano

● Condizionale

semplice	composto	
aprirei	avrei aperto	io
apriresti	avresti aperto	tu
aprirebbe	avrebbe aperto	lui/lei
apriremmo	avremmo aperto	noi
aprireste	avreste aperto	voi
aprirebbero	avrebbero aperto	loro

● Infinito

presente
aprire

passato
avere aperto

● Participio

presente
aprente

passato
aperto

● Gerundio

semplice
aprendo

composto
avendo aperto

25

assistere

to assist · assister · beistehen · asistir · assistir

● Indicativo

	presente	imperfetto	passato remoto	futuro semplice
io	assisto	assistevo	assistei/assistetti	assisterò
tu	assisti	assistevi	assistesti	assisterai
lui/lei	assiste	assisteva	assisté/assistette	assisterà
noi	assistiamo	assistevamo	assistemmo	assisteremo
voi	assistete	assistevate	assisteste	assisterete
loro	assistono	assistevano	assisterono/assistettero	assisteranno

	passato prossimo	trapassato prossimo	trapassato remoto	futuro anteriore
io	ho assistito	avevo assistito	ebbi assistito	avrò assistito
tu	hai assistito	avevi assistito	avesti assistito	avrai assistito
lui/lei	ha assistito	aveva assistito	ebbe assistito	avrà assistito
noi	abbiamo assistito	avevamo assistito	avemmo assistito	avremo assistito
voi	avete assistito	avevate assistito	aveste assistito	avrete assistito
loro	hanno assistito	avevano assistito	ebbero assistito	avranno assistito

● Congiuntivo

	presente	imperfetto	passato	trapassato
io	assista	assistessi	abbia assistito	avessi assistito
tu	assista	assistessi	abbia assistito	avessi assistito
lui/lei	assista	assistesse	abbia assistito	avesse assistito
noi	assistiamo	assistessimo	abbiamo assistito	avessimo assistito
voi	assistiate	assisteste	abbiate assistito	aveste assistito
loro	assistano	assistessero	abbiano assistito	avessero assistito

● Condizionale

	semplice	composto
io	assisterei	avrei assistito
tu	assisteresti	avresti assistito
lui/lei	assisterebbe	avrebbe assistito
noi	assisteremmo	avremmo assistito
voi	assistereste	avreste assistito
loro	assisterebbero	avrebbero assistito

● Imperativo

	presente
io	—
tu	assisti
lui/lei	assista
noi	assistiamo
voi	assistete
loro	assistano

note a pagina 130

● Gerundio

semplice
assistendo
composto
avendo assistito

● Participio

presente
assistente
passato
assistito

● Infinito

presente
assistere
passato
avere assistito

26

to accept · assumer
übernehmen · asumir · assumir

assumere

● Indicativo

presente	imperfetto	passato remoto	futuro semplice	
assumo	assumevo	assunsi	assumerò	io
assumi	assumevi	assumesti	assumerai	tu
assume	assumeva	assunse	assumerà	lui/lei
assumiamo	assumevamo	assumemmo	assumeremo	noi
assumete	assumevate	assumeste	assumerete	voi
assumono	assumevano	assunsero	assumeranno	loro

passato prossimo	trapassato prossimo	trapassato remoto	futuro anteriore	
ho assunto	avevo assunto	ebbi assunto	avrò assunto	io
hai assunto	avevi assunto	avesti assunto	avrai assunto	tu
ha assunto	aveva assunto	ebbe assunto	avrà assunto	lui/lei
abbiamo assunto	avevamo assunto	avemmo assunto	avremo assunto	noi
avete assunto	avevate assunto	aveste assunto	avrete assunto	voi
hanno assunto	avevano assunto	ebbero assunto	avranno assunto	loro

● Congiuntivo

presente	imperfetto	passato	trapassato	
assuma	assumessi	abbia assunto	avessi assunto	io
assuma	assumessi	abbia assunto	avessi assunto	tu
assuma	assumesse	abbia assunto	avesse assunto	lui/lei
assumiamo	assumessimo	abbiamo assunto	avessimo assunto	noi
assumiate	assumeste	abbiate assunto	aveste assunto	voi
assumano	assumessero	abbiano assunto	avessero assunto	loro

● Imperativo

note a pagina 131

presente	
—	io
assumi	tu
assuma	lui/lei
assumiamo	noi
assumete	voi
assumano	loro

● Condizionale

semplice	composto	
assumerei	avrei assunto	io
assumeresti	avresti assunto	tu
assumerebbe	avrebbe assunto	lui/lei
assumeremmo	avremmo assunto	noi
assumereste	avreste assunto	voi
assumerebbero	avrebbero assunto	loro

● Infinito

presente
assumere

passato
avere assunto

● Participio

presente
assumente

passato
assunto

● Gerundio

semplice
assumendo

composto
avendo assunto

27

bere

to drink · boire · trinken · beber · beber

● Indicativo

	presente	imperfetto	passato remoto	futuro semplice
io	bevo	bevevo	bevvi	berrò
tu	bevi	bevevi	bevesti	berrai
lui/lei	beve	beveva	bevve	berrà
noi	beviamo	bevevamo	bevemmo	berremo
voi	bevete	bevevate	beveste	berrete
loro	bevono	bevevano	bevvero	berranno

	passato prossimo	trapassato prossimo	trapassato remoto	futuro anteriore
io	ho bevuto	avevo bevuto	ebbi bevuto	avrò bevuto
tu	hai bevuto	avevi bevuto	avesti bevuto	avrai bevuto
lui/lei	ha bevuto	aveva bevuto	ebbe bevuto	avrà bevuto
noi	abbiamo bevuto	avevamo bevuto	avemmo bevuto	avremo bevuto
voi	avete bevuto	avevate bevuto	aveste bevuto	avrete bevuto
loro	hanno bevuto	avevano bevuto	ebbero bevuto	avranno bevuto

● Congiuntivo

	presente	imperfetto	passato	trapassato
io	beva	bevessi	abbia bevuto	avessi bevuto
tu	beva	bevessi	abbia bevuto	avessi bevuto
lui/lei	beva	bevesse	abbia bevuto	avesse bevuto
noi	beviamo	bevessimo	abbiamo bevuto	avessimo bevuto
voi	beviate	beveste	abbiate bevuto	aveste bevuto
loro	bevano	bevessero	abbiano bevuto	avessero bevuto

● Condizionale

	semplice	composto
io	berrei	avrei bevuto
tu	berresti	avresti bevuto
lui/lei	berrebbe	avrebbe bevuto
noi	berremmo	avremmo bevuto
voi	berreste	avreste bevuto
loro	berrebbero	avrebbero bevuto

● Imperativo

	presente
io	—
tu	bevi
lui/lei	beva
noi	beviamo
voi	bevete
loro	bevano

note a pagina 131

● Gerundio

semplice
bevendo

composto
avendo bevuto

● Participio

presente
bevente

passato
bevuto

● Infinito

presente
bere

passato
avere bevuto

28

to fall · tomber · fallen · caer · cair

cadere

● Indicativo

presente	imperfetto	passato remoto	futuro semplice	
cado	cadevo	caddi	cadrò	io
cadi	cadevi	cadesti	cadrai	tu
cade	cadeva	cadde	cadrà	lui/lei
cadiamo	cadevamo	cademmo	cadremo	noi
cadete	cadevate	cadeste	cadrete	voi
cadono	cadevano	caddero	cadranno	loro

passato prossimo	trapassato prossimo	trapassato remoto	futuro anteriore	
sono caduto/a	ero caduto/a	fui caduto/a	sarò caduto/a	io
sei caduto/a	eri caduto/a	fosti caduto/a	sarai caduto/a	tu
è caduto/a	era caduto/a	fu caduto/a	sarà caduto/a	lui/lei
siamo caduti/e	eravamo caduti/e	fummo caduti/e	saremo caduti/e	noi
siete caduti/e	eravate caduti/e	foste caduti/e	sarete caduti/e	voi
sono caduti/e	erano caduti/e	furono caduti/e	saranno caduti/e	loro

● Congiuntivo

presente	imperfetto	passato	trapassato	
cada	cadessi	sia caduto/a	fossi caduto/a	io
cada	cadessi	sia caduto/a	fossi caduto/a	tu
cada	cadesse	sia caduto/a	fosse caduto/a	lui/lei
cadiamo	cadessimo	siamo caduti/e	fossimo caduti/e	noi
cadiate	cadeste	siate caduti/e	foste caduti/e	voi
cadano	cadessero	siano caduti/e	fossero caduti/e	loro

note a pagina 131

● Imperativo   ## ● Condizionale

presente	semplice	composto	
—	cadrei	sarei caduto/a	io
cadi	cadresti	saresti caduto/a	tu
cada	cadrebbe	sarebbe caduto/a	lui/lei
cadiamo	cadremmo	saremmo caduti/e	noi
cadete	cadreste	sareste caduti/e	voi
cadano	cadrebbero	sarebbero caduti/e	loro

● Infinito   ## ● Participio   ## ● Gerundio

presente	presente	semplice
cadere	cadente	cadendo

passato	passato	composto
essere caduto/a/i/e	caduto/a/i/e	essendo caduto/a/i/e

29

chiedere

to ask · demander · fragen · pedir · pedir

● Indicativo

	presente	imperfetto	passato remoto	futuro semplice
io	chiedo	chiedevo	chiesi	chiederò
tu	chiedi	chiedevi	chiedesti	chiederai
lui/lei	chiede	chiedeva	chiese	chiederà
noi	chiediamo	chiedevamo	chiedemmo	chiederemo
voi	chiedete	chiedevate	chiedeste	chiederete
loro	chiedono	chiedevano	chiesero	chiederanno

	passato prossimo	trapassato prossimo	trapassato remoto	futuro anteriore
io	ho chiesto	avevo chiesto	ebbi chiesto	avrò chiesto
tu	hai chiesto	avevi chiesto	avesti chiesto	avrai chiesto
lui/lei	ha chiesto	aveva chiesto	ebbe chiesto	avrà chiesto
noi	abbiamo chiesto	avevamo chiesto	avemmo chiesto	avremo chiesto
voi	avete chiesto	avevate chiesto	aveste chiesto	avrete chiesto
loro	hanno chiesto	avevano chiesto	ebbero chiesto	avranno chiesto

● Congiuntivo

	presente	imperfetto	passato	trapassato
io	chieda	chiedessi	abbia chiesto	avessi chiesto
tu	chieda	chiedessi	abbia chiesto	avessi chiesto
lui/lei	chieda	chiedesse	abbia chiesto	avesse chiesto
noi	chiediamo	chiedessimo	abbiamo chiesto	avessimo chiesto
voi	chiediate	chiedeste	abbiate chiesto	aveste chiesto
loro	chiedano	chiedessero	abbiano chiesto	avessero chiesto

● Condizionale

	semplice	composto
io	chiederei	avrei chiesto
tu	chiederesti	avresti chiesto
lui/lei	chiederebbe	avrebbe chiesto
noi	chiederemmo	avremmo chiesto
voi	chiedereste	avreste chiesto
loro	chiederebbero	avrebbero chiesto

● Imperativo

	presente
io	—
tu	chiedi
lui/lei	chieda
noi	chiediamo
voi	chiedete
loro	chiedano

note a pagina 131

● Gerundio

semplice
chiedendo

composto
avendo chiesto

● Participio

presente
chiedente

passato
chiesto

● Infinito

presente
chiedere

passato
avere chiesto

to close · fermer · schließen · cerrar · fechar

chiudere

● Indicativo

presente	imperfetto	passato remoto	futuro semplice	
chiudo	chiudevo	chiusi	chiuderò	io
chiudi	chiudevi	chiudesti	chiuderai	tu
chiude	chiudeva	chiuse	chiuderà	lui/lei
chiudiamo	chiudevamo	chiudemmo	chiuderemo	noi
chiudete	chiudevate	chiudeste	chiuderete	voi
chiudono	chiudevano	chiusero	chiuderanno	loro

passato prossimo	trapassato prossimo	trapassato remoto	futuro anteriore	
ho chiuso	avevo chiuso	ebbi chiuso	avrò chiuso	io
hai chiuso	avevi chiuso	avesti chiuso	avrai chiuso	tu
ha chiuso	aveva chiuso	ebbe chiuso	avrà chiuso	lui/lei
abbiamo chiuso	avevamo chiuso	avemmo chiuso	avremo chiuso	noi
avete chiuso	avevate chiuso	aveste chiuso	avrete chiuso	voi
hanno chiuso	avevano chiuso	ebbero chiuso	avranno chiuso	loro

● Congiuntivo

presente	imperfetto	passato	trapassato	
chiuda	chiudessi	abbia chiuso	avessi chiuso	io
chiuda	chiudessi	abbia chiuso	avessi chiuso	tu
chiuda	chiudesse	abbia chiuso	avesse chiuso	lui/lei
chiudiamo	chiudessimo	abbiamo chiuso	avessimo chiuso	noi
chiudiate	chiudeste	abbiate chiuso	aveste chiuso	voi
chiudano	chiudessero	abbiano chiuso	avessero chiuso	loro

note a pagina 131

● Imperativo

presente	
—	
chiudi	tu
chiuda	lui/lei
chiudiamo	noi
chiudete	voi
chiudano	loro

● Condizionale

semplice	composto	
chiuderei	avrei chiuso	io
chiuderesti	avresti chiuso	tu
chiuderebbe	avrebbe chiuso	lui/lei
chiuderemmo	avremmo chiuso	noi
chiudereste	avreste chiuso	voi
chiuderebbero	avrebbero chiuso	loro

● Infinito

presente
chiudere

passato
avere chiuso

● Participio

presente
chiudente

passato
chiuso

● Gerundio

semplice
chiudendo

composto
avendo chiuso

31

compiere

to accomplish · accomplir
erfüllen · cumplir · cumprir

● Indicativo

	presente	imperfetto	passato remoto	futuro semplice
io	compio	compivo	compii	compirò
tu	compi	compivi	compisti	compirai
lui/lei	compie	compiva	compì	compirà
noi	compiamo	compivamo	compimmo	compiremo
voi	compite	compivate	compiste	compirete
loro	compiono	compivano	compirono	compiranno

	passato prossimo	trapassato prossimo	trapassato remoto	futuro anteriore
io	ho compiuto	avevo compiuto	ebbi compiuto	avrò compiuto
tu	hai compiuto	avevi compiuto	avesti compiuto	avrai compiuto
lui/lei	ha compiuto	aveva compiuto	ebbe compiuto	avrà compiuto
noi	abbiamo compiuto	avevamo compiuto	avemmo compiuto	avremo compiuto
voi	avete compiuto	avevate compiuto	aveste compiuto	avrete compiuto
loro	hanno compiuto	avevano compiuto	ebbero compiuto	avranno compiuto

● Congiuntivo

	presente	imperfetto	passato	trapassato
io	compia	compissi	abbia compiuto	avessi compiuto
tu	compia	compissi	abbia compiuto	avessi compiuto
lui/lei	compia	compisse	abbia compiuto	avesse compiuto
noi	compiamo	compissimo	abbiamo compiuto	avessimo compiuto
voi	compiate	compiste	abbiate compiuto	aveste compiuto
loro	compiano	compissero	abbiano compiuto	avessero compiuto

● Condizionale

	semplice	composto
io	compirei	avrei compiuto
tu	compiresti	avresti compiuto
lui/lei	compirebbe	avrebbe compiuto
noi	compiremmo	avremmo compiuto
voi	compireste	avreste compiuto
loro	compirebbero	avrebbero compiuto

● Imperativo

presente
—
compi
compia
compiamo
compite
compiano

note a pagina 131

● Gerundio

semplice
compiendo

composto
avendo compiuto

● Participio

presente
compiente

passato
compiuto

● Infinito

presente
compiere

passato
avere compiuto

32

to grant · accorder
bewilligen · conceder · conceder

concedere

● Indicativo

presente	imperfetto	passato remoto	futuro semplice	
concedo	concedevo	concessi	concederò	io
concedi	concedevi	concedesti	concederai	tu
concede	concedeva	concesse	concederà	lui/lei
concediamo	concedevamo	concedemmo	concederemo	noi
concedete	concedevate	concedeste	concederete	voi
concedono	concedevano	concessero	concederanno	loro

passato prossimo	trapassato prossimo	trapassato remoto	futuro anteriore	
ho concesso	avevo concesso	ebbi concesso	avrò concesso	io
hai concesso	avevi concesso	avesti concesso	avrai concesso	tu
ha concesso	aveva concesso	ebbe concesso	avrà concesso	lui/lei
abbiamo concesso	avevamo concesso	avemmo concesso	avremo concesso	noi
avete concesso	avevate concesso	aveste concesso	avrete concesso	voi
hanno concesso	avevano concesso	ebbero concesso	avranno concesso	loro

● Congiuntivo

presente	imperfetto	passato	trapassato	
conceda	concedessi	abbia concesso	avessi concesso	io
conceda	concedessi	abbia concesso	avessi concesso	tu
conceda	concedesse	abbia concesso	avesse concesso	lui/lei
concediamo	concedessimo	abbiamo concesso	avessimo concesso	noi
concediate	concedeste	abbiate concesso	aveste concesso	voi
concedano	concedessero	abbiano concesso	avessero concesso	loro

note a pagina 131

● Imperativo

presente
—
concedi
conceda
concediamo
concedete
concedano

● Condizionale

semplice	composto	
concederei	avrei concesso	io
concederesti	avresti concesso	tu
concederebbe	avrebbe concesso	lui/lei
concederemmo	avremmo concesso	noi
concedereste	avreste concesso	voi
concederebbero	avrebbero concesso	loro

● Infinito

presente
concedere

passato
avere concesso

● Participio

presente
concedente

passato
concesso

● Gerundio

semplice
concedendo

composto
avendo concesso

33

concludere

to conclude · conclure
abschließen · concluir · concluir

● Indicativo

	presente	imperfetto	passato remoto	futuro semplice
io	concludo	concludevo	conclusi	concluderò
tu	concludi	concludevi	concludesti	concluderai
lui/lei	conclude	concludeva	concluse	concluderà
noi	concludiamo	concludevamo	concludemmo	concluderemo
voi	concludete	concludevate	concludeste	concluderete
loro	concludono	concludevano	conclusero	concluderanno

	passato prossimo	trapassato prossimo	trapassato remoto	futuro anteriore
io	ho concluso	avevo concluso	ebbi concluso	avrò concluso
tu	hai concluso	avevi concluso	avesti concluso	avrai concluso
lui/lei	ha concluso	aveva concluso	ebbe concluso	avrà concluso
noi	abbiamo concluso	avevamo concluso	avemmo concluso	avremo concluso
voi	avete concluso	avevate concluso	aveste concluso	avrete concluso
loro	hanno concluso	avevano concluso	ebbero concluso	avranno concluso

● Congiuntivo

	presente	imperfetto	passato	trapassato
io	concluda	concludessi	abbia concluso	avessi concluso
tu	concluda	concludessi	abbia concluso	avessi concluso
lui/lei	concluda	concludesse	abbia concluso	avesse concluso
noi	concludiamo	concludessimo	abbiamo concluso	avessimo concluso
voi	concludiate	concludeste	abbiate concluso	aveste concluso
loro	concludano	concludessero	abbiano concluso	avessero concluso

● Condizionale

	semplice	composto
io	concluderei	avrei concluso
tu	concluderesti	avresti concluso
lui/lei	concluderebbe	avrebbe concluso
noi	concluderemmo	avremmo concluso
voi	concludereste	avreste concluso
loro	concluderebbero	avrebbero concluso

● Imperativo

	presente
io	—
tu	concludi
lui/lei	concluda
noi	concludiamo
voi	concludete
loro	concludano

note a pagina 132

● Gerundio

semplice
concludendo

composto
avendo concluso

● Participio

presente
concludente

passato
concluso

● Infinito

presente
concludere

passato
avere concluso

34

to connect · se connecter
verbinden · conectar · conectar

connettere

● Indicativo

presente	imperfetto	passato remoto	futuro semplice	
connetto	connettevo	connettei	connetterò	io
connetti	connettevi	connettesti	connetterai	tu
connette	connetteva	connetté	connetterà	lui/lei
connettiamo	connettevamo	connettemmo	connetteremo	noi
connettete	connettevate	connetteste	connetterete	voi
connettono	connettevano	connetterono	connetteranno	loro

passato prossimo	trapassato prossimo	trapassato remoto	futuro anteriore	
ho connesso	avevo connesso	ebbi connesso	avrò connesso	io
hai connesso	avevi connesso	avesti connesso	avrai connesso	tu
ha connesso	aveva connesso	ebbe connesso	avrà connesso	lui/lei
abbiamo connesso	avevamo connesso	avemmo connesso	avremo connesso	noi
avete connesso	avevate connesso	aveste connesso	avrete connesso	voi
hanno connesso	avevano connesso	ebbero connesso	avranno connesso	loro

● Congiuntivo

presente	imperfetto	passato	trapassato	
connetta	connettessi	abbia connesso	avessi connesso	io
connetta	connettessi	abbia connesso	avessi connesso	tu
connetta	connettesse	abbia connesso	avesse connesso	lui/lei
connettiamo	connettessimo	abbiamo connesso	avessimo connesso	noi
connettiate	connetteste	abbiate connesso	aveste connesso	voi
connettano	connettessero	abbiano connesso	avessero connesso	loro

note a pagina 132

● Imperativo

presente
—
connetti
connetta
connettiamo
connettete
connettano

● Condizionale

semplice	composto	
connetterei	avrei connesso	io
connetteresti	avresti connesso	tu
connetterebbe	avrebbe connesso	lui/lei
connetteremmo	avremmo connesso	noi
connettereste	avreste connesso	voi
connetterebbero	avrebbero connesso	loro

● Infinito

presente
connettere

passato
avere connesso

● Participio

presente
connettente

passato
connesso

● Gerundio

semplice
connettendo

composto
avendo connesso

35

conoscere

● Indicativo

	presente	imperfetto	passato remoto	futuro semplice
io	conosco	conoscevo	conobbi	conoscerò
tu	conosci	conoscevi	conoscesti	conoscerai
lui/lei	conosce	conosceva	conobbe	conoscerà
noi	conosciamo	conoscevamo	conoscemmo	conosceremo
voi	conoscete	conoscevate	conosceste	conoscerete
loro	conoscono	conoscevano	conobbero	conosceranno

	passato prossimo	trapassato prossimo	trapassato remoto	futuro anteriore
io	ho conosciuto	avevo conosciuto	ebbi conosciuto	avrò conosciuto
tu	hai conosciuto	avevi conosciuto	avesti conosciuto	avrai conosciuto
lui/lei	ha conosciuto	aveva conosciuto	ebbe conosciuto	avrà conosciuto
noi	abbiamo conosciuto	avevamo conosciuto	avemmo conosciuto	avremo conosciuto
voi	avete conosciuto	avevate conosciuto	aveste conosciuto	avrete conosciuto
loro	hanno conosciuto	avevano conosciuto	ebbero conosciuto	avranno conosciuto

● Congiuntivo

	presente	imperfetto	passato	trapassato
io	conosca	conoscessi	abbia conosciuto	avessi conosciuto
tu	conosca	conoscessi	abbia conosciuto	avessi conosciuto
lui/lei	conosca	conoscesse	abbia conosciuto	avesse conosciuto
noi	conosciamo	conoscessimo	abbiamo conosciuto	avessimo conosciuto
voi	conosciate	conosceste	abbiate conosciuto	aveste conosciuto
loro	conoscano	conoscessero	abbiano conosciuto	avessero conosciuto

● Condizionale

	semplice	composto
io	conoscerei	avrei conosciuto
tu	conosceresti	avresti conosciuto
lui/lei	conoscerebbe	avrebbe conosciuto
noi	conosceremmo	avremmo conosciuto
voi	conoscereste	avreste conosciuto
loro	conoscerebbero	avrebbero conosciuto

● Imperativo

presente
—
conosci
conosca
conosciamo
conoscete
conoscano

note a pagina 132

● Gerundio

semplice
conoscendo

composto
avendo conosciuto

● Participio

presente
conoscente

passato
conosciuto

● Infinito

presente
conoscere

passato
avere conosciuto

to run · courir · laufen · correr · correr

correre

● Indicativo

presente	imperfetto	passato remoto	futuro semplice	
corro	correvo	corsi	correrò	io
corri	correvi	corresti	correrai	tu
corre	correva	corse	correrà	lui/lei
corriamo	correvamo	corremmo	correremo	noi
correte	correvate	correste	correrete	voi
corrono	correvano	corsero	correranno	loro

passato prossimo	trapassato prossimo	trapassato remoto	futuro anteriore	
ho corso	avevo corso	ebbi corso	avrò corso	io
hai corso	avevi corso	avesti corso	avrai corso	tu
ha corso	aveva corso	ebbe corso	avrà corso	lui/lei
abbiamo corso	avevamo corso	avemmo corso	avremo corso	noi
avete corso	avevate corso	aveste corso	avrete corso	voi
hanno corso	avevano corso	ebbero corso	avranno corso	loro

● Congiuntivo

presente	imperfetto	passato	trapassato	
corra	corressi	abbia corso	avessi corso	io
corra	corressi	abbia corso	avessi corso	tu
corra	corresse	abbia corso	avesse corso	lui/lei
corriamo	corressimo	abbiamo corso	avessimo corso	noi
corriate	correste	abbiate corso	aveste corso	voi
corrano	corressero	abbiano corso	avessero corso	loro

note a pagina 132

● Imperativo

presente
—
corri
corra
corriamo
correte
corrano

● Condizionale

semplice	composto	
correrei	avrei corso	io
correresti	avresti corso	tu
correrebbe	avrebbe corso	lui/lei
correremmo	avremmo corso	noi
correreste	avreste corso	voi
correrebbero	avrebbero corso	loro

● Infinito

presente
correre

passato
avere corso

● Participio

presente
corrente

passato
corso

● Gerundio

semplice
correndo

composto
avendo corso

37

crescere

● Indicativo

	presente	imperfetto	passato remoto	futuro semplice
io	cresco	crescevo	crebbi	crescerò
tu	cresci	crescevi	crescesti	crescerai
lui/lei	cresce	cresceva	crebbe	crescerà
noi	cresciamo	crescevamo	crescemmo	cresceremo
voi	crescete	crescevate	cresceste	crescerete
loro	crescono	crescevano	crebbero	cresceranno

	passato prossimo	trapassato prossimo	trapassato remoto	futuro anteriore
io	sono cresciuto/a	ero cresciuto/a	fui cresciuto/a	sarò cresciuto/a
tu	sei cresciuto/a	eri cresciuto/a	fosti cresciuto/a	sarai cresciuto/a
lui/lei	è cresciuto/a	era cresciuto/a	fu cresciuto/a	sarà cresciuto/a
noi	siamo cresciuti/e	eravamo cresciuti/e	fummo cresciuti/e	saremo cresciuti/e
voi	siete cresciuti/e	eravate cresciuti/e	foste cresciuti/e	sarete cresciuti/e
loro	sono cresciuti/e	erano cresciuti/e	furono cresciuti/e	saranno cresciuti/e

● Congiuntivo

	presente	imperfetto	passato	trapassato
io	cresca	crescessi	sia cresciuto/a	fossi cresciuto/a
tu	cresca	crescessi	sia cresciuto/a	fossi cresciuto/a
lui/lei	cresca	crescesse	sia cresciuto/a	fosse cresciuto/a
noi	cresciamo	crescessimo	siamo cresciuti/e	fossimo cresciuti/e
voi	cresciate	cresceste	siate cresciuti/e	foste cresciuti/e
loro	crescano	crescessero	siano cresciuti/e	fossero cresciuti/e

● Condizionale

	semplice	composto
io	crescerei	sarei cresciuto/a
tu	cresceresti	saresti cresciuto/a
lui/lei	crescerebbe	sarebbe cresciuto/a
noi	cresceremmo	saremmo cresciuti/e
voi	crescereste	sareste cresciuti/e
loro	crescerebbero	sarebbero cresciuti/e

● Imperativo

	presente
io	—
tu	cresci
lui/lei	cresca
noi	cresciamo
voi	crescete
loro	crescano

note a pagina 132

● Gerundio

semplice
crescendo

composto
essendo cresciuto/a/i/e

● Participio

presente
crescente

passato
cresciuto/a/i/e

● Infinito

presente
crescere

passato
essere cresciuto/a/i/e

to cook · cuire · kochen · cocer · cozer

cuocere

● Indicativo

presente	imperfetto	passato remoto	futuro semplice	
cuocio	cuocevo	cossi	cuocerò	io
cuoci	cuocevi	cuocesti	cuocerai	tu
cuoce	cuoceva	cosse	cuocerà	lui/lei
cuociamo	cuocevamo	cuocemmo	cuoceremo	noi
cuocete	cuocevate	cuoceste	cuocerete	voi
cuociono	cuocevano	cossero	cuoceranno	loro

passato prossimo	trapassato prossimo	trapassato remoto	futuro anteriore	
ho cotto	avevo cotto	ebbi cotto	avrò cotto	io
hai cotto	avevi cotto	avesti cotto	avrai cotto	tu
ha cotto	aveva cotto	ebbe cotto	avrà cotto	lui/lei
abbiamo cotto	avevamo cotto	avemmo cotto	avremo cotto	noi
avete cotto	avevate cotto	aveste cotto	avrete cotto	voi
hanno cotto	avevano cotto	ebbero cotto	avranno cotto	loro

● Congiuntivo

presente	imperfetto	passato	trapassato	
cuocia	cuocessi	abbia cotto	avessi cotto	io
cuocia	cuocessi	abbia cotto	avessi cotto	tu
cuocia	cuocesse	abbia cotto	avesse cotto	lui/lei
cuociamo	cuocessimo	abbiamo cotto	avessimo cotto	noi
cuociate	cuoceste	abbiate cotto	aveste cotto	voi
cuociano	cuocessero	abbiano cotto	avessero cotto	loro

note a pagina 133

● Imperativo

presente
—
cuoci
cuocia
cuociamo
cuocete
cuociano

● Condizionale

semplice	composto	
cuocerei	avrei cotto	io
cuoceresti	avresti cotto	tu
cuocerebbe	avrebbe cotto	lui/lei
cuoceremmo	avremmo cotto	noi
cuocereste	avreste cotto	voi
cuocerebbero	avrebbero cotto	loro

● Infinito

presente
cuocere

passato
avere cotto

● Participio

presente
cocente

passato
cotto

● Gerundio

semplice
cuocendo

composto
avendo cotto

39

dare

verbi irregolari

to give · donner · geben · dar · dar

● Indicativo

	presente	imperfetto	passato remoto	futuro semplice
io	do	davo	diedi/detti	darò
tu	dai	davi	desti	darai
lui/lei	dà	dava	diede/dette	darà
noi	diamo	davamo	demmo	daremo
voi	date	davate	deste	darete
loro	danno	davano	diedero/dettero	daranno

	passato prossimo	trapassato prossimo	trapassato remoto	futuro anteriore
io	ho dato	avevo dato	ebbi dato	avrò dato
tu	hai dato	avevi dato	avesti dato	avrai dato
lui/lei	ha dato	aveva dato	ebbe dato	avrà dato
noi	abbiamo dato	avevamo dato	avemmo dato	avremo dato
voi	avete dato	avevate dato	aveste dato	avrete dato
loro	hanno dato	avevano dato	ebbero dato	avranno dato

● Congiuntivo

	presente	imperfetto	passato	trapassato
io	dia	dessi	abbia dato	avessi dato
tu	dia	dessi	abbia dato	avessi dato
lui/lei	dia	desse	abbia dato	avesse dato
noi	diamo	dessimo	abbiamo dato	avessimo dato
voi	diate	deste	abbiate dato	aveste dato
loro	diano	dessero	abbiano dato	avessero dato

● Condizionale

	semplice	composto
io	darei	avrei dato
tu	daresti	avresti dato
lui/lei	darebbe	avrebbe dato
noi	daremmo	avremmo dato
voi	dareste	avreste dato
loro	darebbero	avrebbero dato

● Imperativo

	presente
io	—
tu	da'/dai
lui/lei	dia
noi	diamo
voi	date
loro	diano

note a pagina 133

● Gerundio

semplice
dando

composto
avendo dato

● Participio

presente
dante

passato
dato

● Infinito

presente
dare

passato
avere dato

40

to decide · décider
entscheiden · decidir · decidir

decidere

● Indicativo

presente	imperfetto	passato remoto	futuro semplice	
decido	decidevo	decisi	deciderò	io
decidi	decidevi	decidesti	deciderai	tu
decide	decideva	decise	deciderà	lui/lei
decidiamo	decidevamo	decidemmo	decideremo	noi
decidete	decidevate	decideste	deciderete	voi
decidono	decidevano	decisero	decideranno	loro

passato prossimo	trapassato prossimo	trapassato remoto	futuro anteriore	
ho deciso	avevo deciso	ebbi deciso	avrò deciso	io
hai deciso	avevi deciso	avesti deciso	avrai deciso	tu
ha deciso	aveva deciso	ebbe deciso	avrà deciso	lui/lei
abbiamo deciso	avevamo deciso	avemmo deciso	avremo deciso	noi
avete deciso	avevate deciso	aveste deciso	avrete deciso	voi
hanno deciso	avevano deciso	ebbero deciso	avranno deciso	loro

● Congiuntivo

presente	imperfetto	passato	trapassato	
decida	decidessi	abbia deciso	avessi deciso	io
decida	decidessi	abbia deciso	avessi deciso	tu
decida	decidesse	abbia deciso	avesse deciso	lui/lei
decidiamo	decidessimo	abbiamo deciso	avessimo deciso	noi
decidiate	decideste	abbiate deciso	aveste deciso	voi
decidano	decidessero	abbiano deciso	avessero deciso	loro

note a pagina 133

● Imperativo

presente
—
decidi
decida
decidiamo
decidete
decidano

● Condizionale

semplice	composto	
deciderei	avrei deciso	io
decideresti	avresti deciso	tu
deciderebbe	avrebbe deciso	lui/lei
decideremmo	avremmo deciso	noi
decidereste	avreste deciso	voi
deciderebbero	avrebbero deciso	loro

● Infinito

presente
decidere

passato
avere deciso

● Participio

presente
decidente

passato
deciso

● Gerundio

semplice
decidendo

composto
avendo deciso

41

dipingere

to paint · peindre · malen · pintar · pintar

● Indicativo

	presente	imperfetto	passato remoto	futuro semplice
io	dipingo	dipingevo	dipinsi	dipingerò
tu	dipingi	dipingevi	dipingesti	dipingerai
lui/lei	dipinge	dipingeva	dipinse	dipingerà
noi	dipingiamo	dipingevamo	dipingemmo	dipingeremo
voi	dipingete	dipingevate	dipingeste	dipingerete
loro	dipingono	dipingevano	dipinsero	dipingeranno

	passato prossimo	trapassato prossimo	trapassato remoto	futuro anteriore
io	ho dipinto	avevo dipinto	ebbi dipinto	avrò dipinto
tu	hai dipinto	avevi dipinto	avesti dipinto	avrai dipinto
lui/lei	ha dipinto	aveva dipinto	ebbe dipinto	avrà dipinto
noi	abbiamo dipinto	avevamo dipinto	avemmo dipinto	avremo dipinto
voi	avete dipinto	avevate dipinto	aveste dipinto	avrete dipinto
loro	hanno dipinto	avevano dipinto	ebbero dipinto	avranno dipinto

● Congiuntivo

	presente	imperfetto	passato	trapassato
io	dipinga	dipingessi	abbia dipinto	avessi dipinto
tu	dipinga	dipingessi	abbia dipinto	avessi dipinto
lui/lei	dipinga	dipingesse	abbia dipinto	avesse dipinto
noi	dipingiamo	dipingessimo	abbiamo dipinto	avessimo dipinto
voi	dipingiate	dipingeste	abbiate dipinto	aveste dipinto
loro	dipingano	dipingessero	abbiano dipinto	avessero dipinto

● Condizionale

	semplice	composto
io	dipingerei	avrei dipinto
tu	dipingeresti	avresti dipinto
lui/lei	dipingerebbe	avrebbe dipinto
noi	dipingeremmo	avremmo dipinto
voi	dipingereste	avreste dipinto
loro	dipingerebbero	avrebbero dipinto

● Imperativo

	presente
io	—
tu	dipingi
lui/lei	dipinga
noi	dipingiamo
voi	dipingete
loro	dipingano

note a pagina 133

● Gerundio

semplice
dipingendo

composto
avendo dipinto

● Participio

presente
dipingente

passato
dipinto

● Infinito

presente
dipingere

passato
avere dipinto

42

to say · dire · sagen · decir · dizer

dire

● Indicativo

presente	imperfetto	passato remoto	futuro semplice	
dico	dicevo	dissi	dirò	io
dici	dicevi	dicesti	dirai	tu
dice	diceva	disse	dirà	lui/lei
diciamo	dicevamo	dicemmo	diremo	noi
dite	dicevate	diceste	direte	voi
dicono	dicevano	dissero	diranno	loro

passato prossimo	trapassato prossimo	trapassato remoto	futuro anteriore	
ho detto	avevo detto	ebbi detto	avrò detto	io
hai detto	avevi detto	avesti detto	avrai detto	tu
ha detto	aveva detto	ebbe detto	avrà detto	lui/lei
abbiamo detto	avevamo detto	avemmo detto	avremo detto	noi
avete detto	avevate detto	aveste detto	avrete detto	voi
hanno detto	avevano detto	ebbero detto	avranno detto	loro

● Congiuntivo

presente	imperfetto	passato	trapassato	
dica	dicessi	abbia detto	avessi detto	io
dica	dicessi	abbia detto	avessi detto	tu
dica	dicesse	abbia detto	avesse detto	lui/lei
diciamo	dicessimo	abbiamo detto	avessimo detto	noi
diciate	diceste	abbiate detto	aveste detto	voi
dicano	dicessero	abbiano detto	avessero detto	loro

note a pagina 133

● Imperativo

presente
—
di'
dica
diciamo
dite
dicano

● Condizionale

semplice	composto	
direi	avrei detto	io
diresti	avresti detto	tu
direbbe	avrebbe detto	lui/lei
diremmo	avremmo detto	noi
direste	avreste detto	voi
direbbero	avrebbero detto	loro

● Infinito

presente
dire
passato
avere detto

● Participio

presente
dicente
passato
detto

● Gerundio

semplice
dicendo
composto
avendo detto

43

dirigere

to direct · diriger · leiten · dirigir · dirigir

● Indicativo

	presente	imperfetto	passato remoto	futuro semplice
io	dirigo	dirigevo	diressi	dirigerò
tu	dirigi	dirigevi	dirigesti	dirigerai
lui/lei	dirige	dirigeva	diresse	dirigerà
noi	dirigiamo	dirigevamo	dirigemmo	dirigeremo
voi	dirigete	dirigevate	dirigeste	dirigerete
loro	dirigono	dirigevano	diressero	dirigeranno

	passato prossimo	trapassato prossimo	trapassato remoto	futuro anteriore
io	ho diretto	avevo diretto	ebbi diretto	avrò diretto
tu	hai diretto	avevi diretto	avesti diretto	avrai diretto
lui/lei	ha diretto	aveva diretto	ebbe diretto	avrà diretto
noi	abbiamo diretto	avevamo diretto	avemmo diretto	avremo diretto
voi	avete diretto	avevate diretto	aveste diretto	avrete diretto
loro	hanno diretto	avevano diretto	ebbero diretto	avranno diretto

● Congiuntivo

	presente	imperfetto	passato	trapassato
io	diriga	dirigessi	abbia diretto	avessi diretto
tu	diriga	dirigessi	abbia diretto	avessi diretto
lui/lei	diriga	dirigesse	abbia diretto	avesse diretto
noi	dirigiamo	dirigessimo	abbiamo diretto	avessimo diretto
voi	dirigiate	dirigeste	abbiate diretto	aveste diretto
loro	dirigano	dirigessero	abbiano diretto	avessero diretto

● Condizionale

	semplice	composto
io	dirigerei	avrei diretto
tu	dirigeresti	avresti diretto
lui/lei	dirigerebbe	avrebbe diretto
noi	dirigeremmo	avremmo diretto
voi	dirigereste	avreste diretto
loro	dirigerebbero	avrebbero diretto

● Imperativo

	presente
io	—
tu	dirigi
lui/lei	diriga
noi	dirigiamo
voi	dirigete
loro	dirigano

note a pagina 133

● Gerundio

semplice
dirigendo
composto
avendo diretto

● Participio

presente
dirigente
passato
diretto

● Infinito

presente
dirigere
passato
avere diretto

44

discutere

● Indicativo

presente	imperfetto	passato remoto	futuro semplice	
discuto	discutevo	discussi	discuterò	io
discuti	discutevi	discutesti	discuterai	tu
discute	discuteva	discusse	discuterà	lui/lei
discutiamo	discutevamo	discutemmo	discuteremo	noi
discutete	discutevate	discuteste	discuterete	voi
discutono	discutevano	discussero	discuteranno	loro

passato prossimo	trapassato prossimo	trapassato remoto	futuro anteriore	
ho discusso	avevo discusso	ebbi discusso	avrò discusso	io
hai discusso	avevi discusso	avesti discusso	avrai discusso	tu
ha discusso	aveva discusso	ebbe discusso	avrà discusso	lui/lei
abbiamo discusso	avevamo discusso	avemmo discusso	avremo discusso	noi
avete discusso	avevate discusso	aveste discusso	avrete discusso	voi
hanno discusso	avevano discusso	ebbero discusso	avranno discusso	loro

● Congiuntivo

presente	imperfetto	passato	trapassato	
discuta	discutessi	abbia discusso	avessi discusso	io
discuta	discutessi	abbia discusso	avessi discusso	tu
discuta	discutesse	abbia discusso	avesse discusso	lui/lei
discutiamo	discutessimo	abbiamo discusso	avessimo discusso	noi
discutiate	discuteste	abbiate discusso	aveste discusso	voi
discutano	discutessero	abbiano discusso	avessero discusso	loro

● Imperativo   ● Condizionale

note a pagina 133

presente	semplice	composto	
—	discuterei	avrei discusso	io
discuti	discuteresti	avresti discusso	tu
discuta	discuterebbe	avrebbe discusso	lui/lei
discutiamo	discuteremmo	avremmo discusso	noi
discutete	discutereste	avreste discusso	voi
discutano	discuterebbero	avrebbero discusso	loro

● Infinito   ● Participio   ● Gerundio

presente	presente	semplice
discutere	discutente	discutendo

passato	passato	composto
avere discusso	discusso	avendo discusso

45

distinguere

● Indicativo

	presente	imperfetto	passato remoto	futuro semplice
io	distinguo	distinguevo	distinsi	distinguerò
tu	distingui	distinguevi	distinguesti	distinguerai
lui/lei	distingue	distingueva	distinse	distinguerà
noi	distinguiamo	distinguevamo	distinguemmo	distingueremo
voi	distinguete	distinguevate	distingueste	distinguerete
loro	distinguono	distinguevano	distinsero	distingueranno

	passato prossimo	trapassato prossimo	trapassato remoto	futuro anteriore
io	ho distinto	avevo distinto	ebbi distinto	avrò distinto
tu	hai distinto	avevi distinto	avesti distinto	avrai distinto
lui/lei	ha distinto	aveva distinto	ebbe distinto	avrà distinto
noi	abbiamo distinto	avevamo distinto	avemmo distinto	avremo distinto
voi	avete distinto	avevate distinto	aveste distinto	avrete distinto
loro	hanno distinto	avevano distinto	ebbero distinto	avranno distinto

● Congiuntivo

	presente	imperfetto	passato	trapassato
io	distingua	distinguessi	abbia distinto	avessi distinto
tu	distingua	distinguessi	abbia distinto	avessi distinto
lui/lei	distingua	distinguesse	abbia distinto	avesse distinto
noi	distinguiamo	distinguessimo	abbiamo distinto	avessimo distinto
voi	distinguiate	distingueste	abbiate distinto	aveste distinto
loro	distinguano	distinguessero	abbiano distinto	avessero distinto

● Condizionale

	semplice	composto
io	distinguerei	avrei distinto
tu	distingueresti	avresti distinto
lui/lei	distinguerebbe	avrebbe distinto
noi	distingueremmo	avremmo distinto
voi	distinguereste	avreste distinto
loro	distinguerebbero	avrebbero distinto

● Imperativo

	presente
io	—
tu	distingui
lui/lei	distingua
noi	distinguiamo
voi	distinguete
loro	distinguano

note a pagina 134

● Gerundio

semplice
distinguendo

composto
avendo distinto

● Participio

presente
distinguente

passato
distinto

● Infinito

presente
distinguere

passato
avere distinto

46

to destroy · détruire
zerstören · destruir · destruir

distruggere

● Indicativo

presente	imperfetto	passato remoto	futuro semplice	
distruggo	distruggevo	distrussi	distruggerò	io
distruggi	distruggevi	distruggesti	distruggerai	tu
distrugge	distruggeva	distrusse	distruggerà	lui/lei
distruggiamo	distruggevamo	distruggemmo	distruggeremo	noi
distruggete	distruggevate	distruggeste	distruggerete	voi
distruggono	distruggevano	distrussero	distruggeranno	loro

passato prossimo	trapassato prossimo	trapassato remoto	futuro anteriore	
ho distrutto	avevo distrutto	ebbi distrutto	avrò distrutto	io
hai distrutto	avevi distrutto	avesti distrutto	avrai distrutto	tu
ha distrutto	aveva distrutto	ebbe distrutto	avrà distrutto	lui/lei
abbiamo distrutto	avevamo distrutto	avemmo distrutto	avremo distrutto	noi
avete distrutto	avevate distrutto	aveste distrutto	avrete distrutto	voi
hanno distrutto	avevano distrutto	ebbero distrutto	avranno distrutto	loro

● Congiuntivo

presente	imperfetto	passato	trapassato	
distrugga	distruggessi	abbia distrutto	avessi distrutto	io
distrugga	distruggessi	abbia distrutto	avessi distrutto	tu
distrugga	distruggesse	abbia distrutto	avesse distrutto	lui/lei
distruggiamo	distruggessimo	abbiamo distrutto	avessimo distrutto	noi
distruggiate	distruggeste	abbiate distrutto	aveste distrutto	voi
distruggano	distruggessero	abbiano distrutto	avessero distrutto	loro

● Imperativo   ● Condizionale

note a pagina 134

presente	semplice	composto	
—	distruggerei	avrei distrutto	io
distruggi	distruggeresti	avresti distrutto	tu
distrugga	distruggerebbe	avrebbe distrutto	lui/lei
distruggiamo	distruggeremmo	avremmo distrutto	noi
distruggete	distruggereste	avreste distrutto	voi
distruggano	distruggerebbero	avrebbero distrutto	loro

● Infinito   ● Participio   ● Gerundio

presente	presente	semplice
distruggere	distruggente	distruggendo

passato	passato	composto
avere distrutto	distrutto	avendo distrutto

47

dovere

● Indicativo

	presente	imperfetto	passato remoto	futuro semplice
io	devo/debbo	dovevo	dovei/dovetti	dovrò
tu	devi	dovevi	dovesti	dovrai
lui/lei	deve	doveva	dové/dovette	dovrà
noi	dobbiamo	dovevamo	dovemmo	dovremo
voi	dovete	dovevate	doveste	dovrete
loro	devono/debbono	dovevano	doverono/dovettero	dovranno

	passato prossimo	trapassato prossimo	trapassato remoto	futuro anteriore
io	ho dovuto	avevo dovuto	ebbi dovuto	avrò dovuto
tu	hai dovuto	avevi dovuto	avesti dovuto	avrai dovuto
lui/lei	ha dovuto	aveva dovuto	ebbe dovuto	avrà dovuto
noi	abbiamo dovuto	avevamo dovuto	avemmo dovuto	avremo dovuto
voi	avete dovuto	avevate dovuto	aveste dovuto	avrete dovuto
loro	hanno dovuto	avevano dovuto	ebbero dovuto	avranno dovuto

● Congiuntivo

	presente	imperfetto	passato	trapassato
io	debba/deva	dovessi	abbia dovuto	avessi dovuto
tu	debba/deva	dovessi	abbia dovuto	avessi dovuto
lui/lei	debba/deva	dovesse	abbia dovuto	avesse dovuto
noi	dobbiamo	dovessimo	abbiamo dovuto	avessimo dovuto
voi	dobbiate	doveste	abbiate dovuto	aveste dovuto
loro	debbano/devano	dovessero	abbiano dovuto	avessero dovuto

● Condizionale

	semplice	composto
io	dovrei	avrei dovuto
tu	dovresti	avresti dovuto
lui/lei	dovrebbe	avrebbe dovuto
noi	dovremmo	avremmo dovuto
voi	dovreste	avreste dovuto
loro	dovrebbero	avrebbero dovuto

● Imperativo

	presente
io	—
tu	—
lui/lei	—
noi	—
voi	—
loro	—

note a pagina 134

● Gerundio

semplice
dovendo

composto
avendo dovuto

● Participio

presente
—

passato
dovuto

● Infinito

presente
dovere

passato
avere dovuto

48

to emerge · émerger
auftauchen · emerger · emergir

emergere

● Indicativo

presente	imperfetto	passato remoto	futuro semplice	
emergo	emergevo	emersi	emergerò	io
emergi	emergevi	emergesti	emergerai	tu
emerge	emergeva	emerse	emergerà	lui/lei
emergiamo	emergevamo	emergemmo	emergeremo	noi
emergete	emergevate	emergeste	emergerete	voi
emergono	emergevano	emersero	emergeranno	loro

passato prossimo	trapassato prossimo	trapassato remoto	futuro anteriore	
sono emerso/a	ero emerso/a	fui emerso/a	sarò emerso/a	io
sei emerso/a	eri emerso/a	fosti emerso/a	sarai emerso/a	tu
è emerso/a	era emerso/a	fu emerso/a	sarà emerso/a	lui/lei
siamo emersi/e	eravamo emersi/e	fummo emersi/e	saremo emersi/e	noi
siete emersi/e	eravate emersi/e	foste emersi/e	sarete emersi/e	voi
sono emersi/e	erano emersi/e	furono emersi/e	saranno emersi/e	loro

● Congiuntivo

presente	imperfetto	passato	trapassato	
emerga	emergessi	sia emerso/a	fossi emerso/a	io
emerga	emergessi	sia emerso/a	fossi emerso/a	tu
emerga	emergesse	sia emerso/a	fosse emerso/a	lui/lei
emergiamo	emergessimo	siamo emersi/e	fossimo emersi/e	noi
emergiate	emergeste	siate emersi/e	foste emersi/e	voi
emergano	emergessero	siano emersi/e	fossero emersi/e	loro

note a pagina 134

● Imperativo

presente	
—	
emergi	tu
emerga	lui/lei
emergiamo	noi
emergete	voi
emergano	loro

● Condizionale

semplice	composto	
emergerei	sarei emerso/a	io
emergeresti	saresti emerso/a	tu
emergerebbe	sarebbe emerso/a	lui/lei
emergeremmo	saremmo emersi/e	noi
emergereste	sareste emersi/e	voi
emergerebbero	sarebbero emersi/e	loro

● Infinito

presente
emergere

passato
essere emerso/a/i/e

● Participio

presente
emergente

passato
emerso/a/i/e

● Gerundio

semplice
emergendo

composto
essendo emerso/a/i/e

49

esigere

● Indicativo

	presente	imperfetto	passato remoto	futuro semplice
io	esigo	esigevo	esigei/esigetti	esigerò
tu	esigi	esigevi	esigesti	esigerai
lui/lei	esige	esigeva	esigé/esigette	esigerà
noi	esigiamo	esigevamo	esigemmo	esigeremo
voi	esigete	esigevate	esigeste	esigerete
loro	esigono	esigevano	esigerono/esigettero	esigeranno

	passato prossimo	trapassato prossimo	trapassato remoto	futuro anteriore
io	ho esatto	avevo esatto	ebbi esatto	avrò esatto
tu	hai esatto	avevi esatto	avesti esatto	avrai esatto
lui/lei	ha esatto	aveva esatto	ebbe esatto	avrà esatto
noi	abbiamo esatto	avevamo esatto	avemmo esatto	avremo esatto
voi	avete esatto	avevate esatto	aveste esatto	avrete esatto
loro	hanno esatto	avevano esatto	ebbero esatto	avranno esatto

● Congiuntivo

	presente	imperfetto	passato	trapassato
io	esiga	esigessi	abbia esatto	avessi esatto
tu	esiga	esigessi	abbia esatto	avessi esatto
lui/lei	esiga	esigesse	abbia esatto	avesse esatto
noi	esigiamo	esigessimo	abbiamo esatto	avessimo esatto
voi	esigiate	esigeste	abbiate esatto	aveste esatto
loro	esigano	esigessero	abbiano esatto	avessero esatto

● Condizionale

	semplice	composto
io	esigerei	avrei esatto
tu	esigeresti	avresti esatto
lui/lei	esigerebbe	avrebbe esatto
noi	esigeremmo	avremmo esatto
voi	esigereste	avreste esatto
loro	esigerebbero	avrebbero esatto

● Imperativo

	presente
io	—
tu	esigi
lui/lei	esiga
noi	esigiamo
voi	esigete
loro	esigano

note a pagina 134

● Gerundio

semplice
esigendo

composto
avendo esatto

● Participio

presente
esigente

passato
esatto

● Infinito

presente
esigere

passato
avere esatto

50

to expel · expulser
ausstoßen · expulsar · expelir

espellere

● Indicativo

presente	imperfetto	passato remoto	futuro semplice	
espello	espellevo	espulsi	espellerò	io
espelli	espellevi	espellesti	espellerai	tu
espelle	espelleva	espulse	espellerà	lui/lei
espelliamo	espellevamo	espellemmo	espelleremo	noi
espellete	espellevate	espelleste	espellerete	voi
espellono	espellevano	espulsero	espelleranno	loro

passato prossimo	trapassato prossimo	trapassato remoto	futuro anteriore	
ho espulso	avevo espulso	ebbi espulso	avrò espulso	io
hai espulso	avevi espulso	avesti espulso	avrai espulso	tu
ha espulso	aveva espulso	ebbe espulso	avrà espulso	lui/lei
abbiamo espulso	avevamo espulso	avemmo espulso	avremo espulso	noi
avete espulso	avevate espulso	aveste espulso	avrete espulso	voi
hanno espulso	avevano espulso	ebbero espulso	avranno espulso	loro

● Congiuntivo

presente	imperfetto	passato	trapassato	
espella	espellessi	abbia espulso	avessi espulso	io
espella	espellessi	abbia espulso	avessi espulso	tu
espella	espellesse	abbia espulso	avesse espulso	lui/lei
espelliamo	espellessimo	abbiamo espulso	avessimo espulso	noi
espelliate	espelleste	abbiate espulso	aveste espulso	voi
espellano	espellessero	abbiano espulso	avessero espulso	loro

● Imperativo ## ● Condizionale

note a pagina 134

presente
—
espelli
espella
espelliamo
espellete
espellano

semplice	composto	
espellerei	avrei espulso	io
espelleresti	avresti espulso	tu
espellerebbe	avrebbe espulso	lui/lei
espelleremmo	avremmo espulso	noi
espellereste	avreste espulso	voi
espellerebbero	avrebbero espulso	loro

● Infinito ## ● Participio ## ● Gerundio

presente
espellere

passato
avere espulso

presente
espellente

passato
espulso

semplice
espellendo

composto
avendo espulso

51

esprimere

● Indicativo

	presente	imperfetto	passato remoto	futuro semplice
io	esprimo	esprimevo	espressi	esprimerò
tu	esprimi	esprimevi	esprimesti	esprimerai
lui/lei	esprime	esprimeva	espresse	esprimerà
noi	esprimiamo	esprimevamo	esprimemmo	esprimeremo
voi	esprimete	esprimevate	esprimeste	esprimerete
loro	esprimono	esprimevano	espressero	esprimeranno

	passato prossimo	trapassato prossimo	trapassato remoto	futuro anteriore
io	ho espresso	avevo espresso	ebbi espresso	avrò espresso
tu	hai espresso	avevi espresso	avesti espresso	avrai espresso
lui/lei	ha espresso	aveva espresso	ebbe espresso	avrà espresso
noi	abbiamo espresso	avevamo espresso	avemmo espresso	avremo espresso
voi	avete espresso	avevate espresso	aveste espresso	avrete espresso
loro	hanno espresso	avevano espresso	ebbero espresso	avranno espresso

● Congiuntivo

	presente	imperfetto	passato	trapassato
io	esprima	esprimessi	abbia espresso	avessi espresso
tu	esprima	esprimessi	abbia espresso	avessi espresso
lui/lei	esprima	esprimesse	abbia espresso	avesse espresso
noi	esprimiamo	esprimessimo	abbiamo espresso	avessimo espresso
voi	esprimiate	esprimeste	abbiate espresso	aveste espresso
loro	esprimano	esprimessero	abbiano espresso	avessero espresso

● Condizionale

	semplice	composto
io	esprimerei	avrei espresso
tu	esprimeresti	avresti espresso
lui/lei	esprimerebbe	avrebbe espresso
noi	esprimeremmo	avremmo espresso
voi	esprimereste	avreste espresso
loro	esprimerebbero	avrebbero espresso

● Imperativo

	presente
io	—
tu	esprimi
lui/lei	esprima
noi	esprimiamo
voi	esprimete
loro	esprimano

note a pagina 135

● Gerundio

semplice
esprimendo

composto
avendo espresso

● Participio

presente
esprimente

passato
espresso

● Infinito

presente
esprimere

passato
avere espresso

52

to escape · s'évader · entfliehen · evadir · escapar

evadere

● Indicativo

presente	imperfetto	passato remoto	futuro semplice	
evado	evadevo	evasi	evaderò	io
evadi	evadevi	evadesti	evaderai	tu
evade	evadeva	evase	evaderà	lui/lei
evadiamo	evadevamo	evademmo	evaderemo	noi
evadete	evadevate	evadeste	evaderete	voi
evadono	evadevano	evasero	evaderanno	loro

passato prossimo	trapassato prossimo	trapassato remoto	futuro anteriore	
sono evaso/a	ero evaso/a	fui evaso/a	sarò evaso/a	io
sei evaso/a	eri evaso/a	fosti evaso/a	sarai evaso/a	tu
è evaso/a	era evaso/a	fu evaso/a	sarà evaso/a	lui/lei
siamo evasi/e	eravamo evasi/e	fummo evasi/e	saremo evasi/e	noi
siete evasi/e	eravate evasi/e	foste evasi/e	sarete evasi/e	voi
sono evasi/e	erano evasi/e	furono evasi/e	saranno evasi/e	loro

● Congiuntivo

presente	imperfetto	passato	trapassato	
evada	evadessi	sia evaso/a	fossi evaso/a	io
evada	evadessi	sia evaso/a	fossi evaso/a	tu
evada	evadesse	sia evaso/a	fosse evaso/a	lui/lei
evadiamo	evadessimo	siamo evasi/e	fossimo evasi/e	noi
evadiate	evadeste	siate evasi/e	foste evasi/e	voi
evadano	evadessero	siano evasi/e	fossero evasi/e	loro

● Imperativo

note a pagina 135

presente
—
evadi
evada
evadiamo
evadete
evadano

● Condizionale

semplice	composto	
evaderei	sarei evaso/a	io
evaderesti	saresti evaso/a	tu
evaderebbe	sarebbe evaso/a	lui/lei
evaderemmo	saremmo evasi/e	noi
evadereste	sareste evasi/e	voi
evaderebbero	sarebbero evasi/e	loro

● Infinito

presente
evadere

passato
essere evaso/a/i/e

● Participio

presente
evadente

passato
evaso/a/i/e

● Gerundio

semplice
evadendo

composto
essendo evaso/a/i/e

53

fare

● Indicativo

	presente	imperfetto	passato remoto	futuro semplice
io	faccio	facevo	feci	farò
tu	fai	facevi	facesti	farai
lui/lei	fa	faceva	fece	farà
noi	facciamo	facevamo	facemmo	faremo
voi	fate	facevate	faceste	farete
loro	fanno	facevano	fecero	faranno

	passato prossimo	trapassato prossimo	trapassato remoto	futuro anteriore
io	ho fatto	avevo fatto	ebbi fatto	avrò fatto
tu	hai fatto	avevi fatto	avesti fatto	avrai fatto
lui/lei	ha fatto	aveva fatto	ebbe fatto	avrà fatto
noi	abbiamo fatto	avevamo fatto	avemmo fatto	avremo fatto
voi	avete fatto	avevate fatto	aveste fatto	avrete fatto
loro	hanno fatto	avevano fatto	ebbero fatto	avranno fatto

● Congiuntivo

	presente	imperfetto	passato	trapassato
io	faccia	facessi	abbia fatto	avessi fatto
tu	faccia	facessi	abbia fatto	avessi fatto
lui/lei	faccia	facesse	abbia fatto	avesse fatto
noi	facciamo	facessimo	abbiamo fatto	avessimo fatto
voi	facciate	faceste	abbiate fatto	aveste fatto
loro	facciano	facessero	abbiano fatto	avessero fatto

● Condizionale

	semplice	composto
io	farei	avrei fatto
tu	faresti	avresti fatto
lui/lei	farebbe	avrebbe fatto
noi	faremmo	avremmo fatto
voi	fareste	avreste fatto
loro	farebbero	avrebbero fatto

● Imperativo

presente
—
fa'/fai
faccia
facciamo
fate
facciano

note a pagina 135

● Gerundio

semplice
facendo

composto
avendo fatto

● Participio

presente
facente

passato
fatto

● Infinito

presente
fare

passato
avere fatto

54

to smelt · fondre · schmelzen · fundir · fundir

fondere

● Indicativo

presente	imperfetto	passato remoto	futuro semplice	
fondo	fondevo	fusi	fonderò	io
fondi	fondevi	fondesti	fonderai	tu
fonde	fondeva	fuse	fonderà	lui/lei
fondiamo	fondevamo	fondemmo	fonderemo	noi
fondete	fondevate	fondeste	fonderete	voi
fondono	fondevano	fusero	fonderanno	loro

passato prossimo	trapassato prossimo	trapassato remoto	futuro anteriore	
ho fuso	avevo fuso	ebbi fuso	avrò fuso	io
hai fuso	avevi fuso	avesti fuso	avrai fuso	tu
ha fuso	aveva fuso	ebbe fuso	avrà fuso	lui/lei
abbiamo fuso	avevamo fuso	avemmo fuso	avremo fuso	noi
avete fuso	avevate fuso	aveste fuso	avrete fuso	voi
hanno fuso	avevano fuso	ebbero fuso	avranno fuso	loro

● Congiuntivo

presente	imperfetto	passato	trapassato	
fonda	fondessi	abbia fuso	avessi fuso	io
fonda	fondessi	abbia fuso	avessi fuso	tu
fonda	fondesse	abbia fuso	avesse fuso	lui/lei
fondiamo	fondessimo	abbiamo fuso	avessimo fuso	noi
fondiate	fondeste	abbiate fuso	aveste fuso	voi
fondano	fondessero	abbiano fuso	avessero fuso	loro

note a pagina 135

● Imperativo

presente
—
fondi
fonda
fondiamo
fondete
fondano

● Condizionale

semplice	composto	
fonderei	avrei fuso	io
fonderesti	avresti fuso	tu
fonderebbe	avrebbe fuso	lui/lei
fonderemmo	avremmo fuso	noi
fondereste	avreste fuso	voi
fonderebbero	avrebbero fuso	loro

● Infinito

presente
fondere

passato
avere fuso

● Participio

presente
fondente

passato
fuso

● Gerundio

semplice
fondendo

composto
avendo fuso

55

friggere

to fry · frire · fritieren · freír · fritar

● Indicativo

	presente	imperfetto	passato remoto	futuro semplice
io	friggo	friggevo	frissi	friggerò
tu	friggi	friggevi	friggesti	friggerai
lui/lei	frigge	friggeva	frisse	friggerà
noi	friggiamo	friggevamo	friggemmo	friggeremo
voi	friggete	friggevate	friggeste	friggerete
loro	friggono	friggevano	frissero	friggeranno

	passato prossimo	trapassato prossimo	trapassato remoto	futuro anteriore
io	ho fritto	ho fritto	ebbi fritto	avrò fritto
tu	hai fritto	hai fritto	avesti fritto	avrai fritto
lui/lei	ha fritto	ha fritto	ebbe fritto	avrà fritto
noi	abbiamo fritto	abbiamo fritto	avemmo fritto	avremo fritto
voi	avete fritto	avete fritto	aveste fritto	avrete fritto
loro	hanno fritto	hanno fritto	ebbero fritto	avranno fritto

● Congiuntivo

	presente	imperfetto	passato	trapassato
io	frigga	friggessi	abbia fritto	avessi fritto
tu	frigga	friggessi	abbia fritto	avessi fritto
lui/lei	frigga	friggesse	abbia fritto	avesse fritto
noi	friggiamo	friggessimo	abbiamo fritto	avessimo fritto
voi	friggiate	friggeste	abbiate fritto	aveste fritto
loro	friggano	friggessero	abbiano fritto	avessero fritto

● Condizionale

	semplice	composto
io	friggerei	avrei fritto
tu	friggeresti	avresti fritto
lui/lei	friggerebbe	avrebbe fritto
noi	friggeremmo	avremmo fritto
voi	friggereste	avreste fritto
loro	friggerebbero	avrebbero fritto

● Imperativo

	presente
io	—
tu	friggi
lui/lei	frigga
noi	friggiamo
voi	friggete
loro	friggano

note a pagina 136

● Gerundio

semplice
friggendo

composto
avendo fritto

● Participio

presente
friggente

passato
fritto

● Infinito

presente
friggere

passato
avere fritto

56

to arrive · arriver · ankommen · llegar · chegar

giungere

● Indicativo

presente	imperfetto	passato remoto	futuro semplice	
giungo	giungevo	giunsi	giungerò	io
giungi	giungevi	giungesti	giungerai	tu
giunge	giungeva	giunse	giungerà	lui/lei
giungiamo	giungevamo	giungemmo	giungeremo	noi
giungete	giungevate	giungeste	giungerete	voi
giungono	giungevano	giunsero	giungeranno	loro

passato prossimo	trapassato prossimo	trapassato remoto	futuro anteriore	
sono giunto/a	ero giunto/a	fui giunto/a	sarò giunto/a	io
sei giunto/a	eri giunto/a	fosti giunto/a	sarai giunto/a	tu
è giunto/a	era giunto/a	fu giunto/a	sarà giunto/a	lui/lei
siamo giunti/e	eravamo giunti/e	fummo giunti/e	saremo giunti/e	noi
siete giunti/e	eravate giunti/e	foste giunti/e	sarete giunti/e	voi
sono giunti/e	erano giunti/e	furono giunti/e	saranno giunti/e	loro

● Congiuntivo

presente	imperfetto	passato	trapassato	
giunga	giungessi	sia giunto/a	fossi giunto/a	io
giunga	giungessi	sia giunto/a	fossi giunto/a	tu
giunga	giungesse	sia giunto/a	fosse giunto/a	lui/lei
giungiamo	giungessimo	siamo giunti/e	fossimo giunti/e	noi
giungiate	giungeste	siate giunti/e	foste giunti/e	voi
giungano	giungessero	siano giunti/e	fossero giunti/e	loro

● Imperativo   ● Condizionale

note a pagina 136

presente		semplice	composto	
—		giungerei	sarei giunto/a	io
giungi		giungeresti	saresti giunto/a	tu
giunga		giungerebbe	sarebbe giunto/a	lui/lei
giungiamo		giungeremmo	saremmo giunti/e	noi
giungete		giungereste	sareste giunti/e	voi
giungano		giungerebbero	sarebbero giunti/e	loro

● Infinito   ● Participio   ● Gerundio

presente	presente	semplice
giungere	giungente	giungendo
passato	passato	composto
essere giunto/a/i/e	giunto/a/i/e	essendo giunto/a/i/e

57

leggere

● Indicativo

	presente	imperfetto	passato remoto	futuro semplice
io	leggo	leggevo	lessi	leggerò
tu	leggi	leggevi	leggesti	leggerai
lui/lei	legge	leggeva	lesse	leggerà
noi	leggiamo	leggevamo	leggemmo	leggeremo
voi	leggete	leggevate	leggeste	leggerete
loro	leggono	leggevano	lessero	leggeranno

	passato prossimo	trapassato prossimo	trapassato remoto	futuro anteriore
io	ho letto	avevo letto	ebbi letto	avrò letto
tu	hai letto	avevi letto	avesti letto	avrai letto
lui/lei	ha letto	aveva letto	ebbe letto	avrà letto
noi	abbiamo letto	avevamo letto	avemmo letto	avremo letto
voi	avete letto	avevate letto	aveste letto	avrete letto
loro	hanno letto	avevano letto	ebbero letto	avranno letto

● Congiuntivo

	presente	imperfetto	passato	trapassato
io	legga	leggessi	abbia letto	avessi letto
tu	legga	leggessi	abbia letto	avessi letto
lui/lei	legga	leggesse	abbia letto	avesse letto
noi	leggiamo	leggessimo	abbiamo letto	avessimo letto
voi	leggiate	leggeste	abbiate letto	aveste letto
loro	leggano	leggessero	abbiano letto	avessero letto

● Condizionale

	semplice	composto
io	leggerei	avrei letto
tu	leggeresti	avresti letto
lui/lei	leggerebbe	avrebbe letto
noi	leggeremmo	avremmo letto
voi	leggereste	avreste letto
loro	leggerebbero	avrebbero letto

● Imperativo

	presente
io	—
tu	leggi
lui/lei	legga
noi	leggiamo
voi	leggete
loro	leggano

note a pagina 136

● Gerundio

semplice
leggendo

composto
avendo letto

● Participio

presente
leggente

passato
letto

● Infinito

presente
leggere

passato
avere letto

mettere

● Indicativo

presente	imperfetto	passato remoto	futuro semplice	
metto	mettevo	misi	metterò	io
metti	mettevi	mettesti	metterai	tu
mette	metteva	mise	metterà	lui/lei
mettiamo	mettevamo	mettemmo	metteremo	noi
mettete	mettevate	metteste	metterete	voi
mettono	mettevano	misero	metteranno	loro

passato prossimo	trapassato prossimo	trapassato remoto	futuro anteriore	
ho messo	avevo messo	ebbi messo	avrò messo	io
hai messo	avevi messo	avesti messo	avrai messo	tu
ha messo	aveva messo	ebbe messo	avrà messo	lui/lei
abbiamo messo	avevamo messo	avemmo messo	avremo messo	noi
avete messo	avevate messo	aveste messo	avrete messo	voi
hanno messo	avevano messo	ebbero messo	avranno messo	loro

● Congiuntivo

presente	imperfetto	passato	trapassato	
metta	mettessi	abbia messo	avessi messo	io
metta	mettessi	abbia messo	avessi messo	tu
metta	mettesse	abbia messo	avesse messo	lui/lei
mettiamo	mettessimo	abbiamo messo	avessimo messo	noi
mettiate	metteste	abbiate messo	aveste messo	voi
mettano	mettessero	abbiano messo	avessero messo	loro

note a pagina 136

● Imperativo ● Condizionale

presente	semplice	composto	
—	metterei	avrei messo	io
metti	metteresti	avresti messo	tu
metta	metterebbe	avrebbe messo	lui/lei
mettiamo	metteremmo	avremmo messo	noi
mettete	mettereste	avreste messo	voi
mettano	metterebbero	avrebbero messo	loro

● Infinito ● Participio ● Gerundio

presente	presente	semplice
mettere	mettente	mettendo
passato	passato	composto
avere messo	messo	avendo messo

morire

● Indicativo

	presente	imperfetto	passato remoto	futuro semplice
io	muoio	morivo	morii	morirò
tu	muori	morivi	moristi	morirai
lui/lei	muore	moriva	morì	morirà
noi	moriamo	morivamo	morimmo	moriremo
voi	morite	morivate	moriste	morirete
loro	muoiono	morivano	morirono	moriranno

	passato prossimo	trapassato prossimo	trapassato remoto	futuro anteriore
io	sono morto/a	ero morto/a	fui morto/a	sarò morto/a
tu	sei morto/a	eri morto/a	fosti morto/a	sarai morto/a
lui/lei	è morto/a	era morto/a	fu morto/a	sarà morto/a
noi	siamo morti/e	eravamo morti/e	fummo morti/e	saremo morti/e
voi	siete morti/e	eravate morti/e	foste morti/e	sarete morti/e
loro	sono morti/e	erano morti/e	furono morti/e	saranno morti/e

● Congiuntivo

	presente	imperfetto	passato	trapassato
io	muoia	morissi	sia morto/a	fossi morto/a
tu	muoia	morissi	sia morto/a	fossi morto/a
lui/lei	muoia	morisse	sia morto/a	fosse morto/a
noi	moriamo	morissimo	siamo morti/e	fossimo morti/e
voi	moriate	moriste	siate morti/e	foste morti/e
loro	muoiano	morissero	siano morti/e	fossero morti/e

● Condizionale

	semplice	composto
io	morirei	sarei morto/a
tu	moriresti	saresti morto/a
lui/lei	morirebbe	sarebbe morto/a
noi	moriremmo	saremmo morti/e
voi	morireste	sareste morti/e
loro	morirebbero	sarebbero morti/e

● Imperativo

	presente
	—
tu	muori
lui/lei	muoia
noi	moriamo
voi	morite
loro	muoiano

note a pagina 136

● Gerundio

semplice
morendo

composto
essendo morto/a/i/e

● Participio

presente
morente

passato
morto/a/i/e

● Infinito

presente
morire

passato
essere morto/a/i/e

60

to move · déplacer · bewegen · mover · mover

muovere

● Indicativo

presente	imperfetto	passato remoto	futuro semplice	
muovo	muovevo	mossi	muoverò	io
muovi	muovevi	muovesti	muoverai	tu
muove	muoveva	mosse	muoverà	lui/lei
muoviamo	muovevamo	muovemmo	muoveremo	noi
muovete	muovevate	muoveste	muoverete	voi
muovono	muovevano	mossero	muoveranno	loro

passato prossimo	trapassato prossimo	trapassato remoto	futuro anteriore	
ho mosso	avevo mosso	ebbi mosso	avrò mosso	io
hai mosso	avevi mosso	avesti mosso	avrai mosso	tu
ha mosso	aveva mosso	ebbe mosso	avrà mosso	lui/lei
abbiamo mosso	avevamo mosso	avemmo mosso	avremo mosso	noi
avete mosso	avevate mosso	aveste mosso	avrete mosso	voi
hanno mosso	avevano mosso	ebbero mosso	avranno mosso	loro

● Congiuntivo

presente	imperfetto	passato	trapassato	
muova	muovessi	abbia mosso	avessi mosso	io
muova	muovessi	abbia mosso	avessi mosso	tu
muova	muovesse	abbia mosso	avesse mosso	lui/lei
muoviamo	muovessimo	abbiamo mosso	avessimo mosso	noi
muoviate	muoveste	abbiate mosso	aveste mosso	voi
muovano	muovessero	abbiano mosso	avessero mosso	loro

● Imperativo   ## ● Condizionale

note a pagina 136

presente		semplice	composto	
—		muoverei	avrei mosso	io
muovi		muoveresti	avresti mosso	tu
muova		muoverebbe	avrebbe mosso	lui/lei
muoviamo		muoveremmo	avremmo mosso	noi
muovete		muovereste	avreste mosso	voi
muovano		muoverebbero	avrebbero mosso	loro

● Infinito   ## ● Participio   ## ● Gerundio

presente		presente		semplice
muovere		movente		muovendo

passato		passato		composto
avere mosso		mosso		avendo mosso

61

nascere

to be born · naître · geboren werden · nacer · nascer

● Indicativo

	presente	imperfetto	passato remoto	futuro semplice
io	nasco	nascevo	nacqui	nascerò
tu	nasci	nascevi	nascesti	nascerai
lui/lei	nasce	nasceva	nacque	nascerà
noi	nasciamo	nascevamo	nascemmo	nasceremo
voi	nascete	nascevate	nasceste	nascerete
loro	nascono	nascevano	nacquero	nasceranno

	passato prossimo	trapassato prossimo	trapassato remoto	futuro anteriore
io	sono nato/a	ero nato/a	fui nato/a	sarò nato/a
tu	sei nato/a	eri nato/a	fosti nato/a	sarai nato/a
lui/lei	è nato/a	era nato/a	fu nato/a	sarà nato/a
noi	siamo nati/e	eravamo nati/e	fummo nati/e	saremo nati/e
voi	siete nati/e	eravate nati/e	foste nati/e	sarete nati/e
loro	sono nati/e	erano nati/e	furono nati/e	saranno nati/e

● Congiuntivo

	presente	imperfetto	passato	trapassato
io	nasca	nascessi	sia nato/a	fossi nato/a
tu	nasca	nascessi	sia nato/a	fossi nato/a
lui/lei	nasca	nascesse	sia nato/a	fosse nato/a
noi	nasciamo	nascessimo	siamo nati/e	fossimo nati/e
voi	nasciate	nasceste	siate nati/e	foste nati/e
loro	nascano	nascessero	siano nati/e	fossero nati/e

● Condizionale

	semplice	composto
io	nascerei	sarei nato/a
tu	nasceresti	saresti nato/a
lui/lei	nascerebbe	sarebbe nato/a
noi	nasceremmo	saremmo nati/e
voi	nascereste	sareste nati/e
loro	nascerebbero	sarebbero nati/e

● Imperativo

	presente
io	—
tu	nasci
lui/lei	nasca
noi	nasciamo
voi	nascete
loro	nascano

note a pagina 137

● Gerundio

semplice
nascendo

composto
essendo nato/a/i/e

● Participio

presente
nascente

passato
nato/a/i/e

● Infinito

presente
nascere

passato
essere nato/a/i/e

to harm · nuire · schaden · perjudicar · prejudicar

nuocere

● Indicativo

presente	imperfetto	passato remoto	futuro semplice	
nuoccio	nuocevo	nocqui	nuocerò	io
nuoci	nuocevi	nuocesti	nuocerai	tu
nuoce	nuoceva	nocque	nuocerà	lui/lei
nuociamo	nuocevamo	nuocemmo	nuoceremo	noi
nuocete	nuocevate	nuoceste	nuocerete	voi
nuocciono	nuocevano	nocquero	nuoceranno	loro

passato prossimo	trapassato prossimo	trapassato remoto	futuro anteriore	
ho nuociuto	avevo nuociuto	ebbi nuociuto	avrò nuociuto	io
hai nuociuto	avevi nuociuto	avesti nuociuto	avrai nuociuto	tu
ha nuociuto	aveva nuociuto	ebbe nuociuto	avrà nuociuto	lui/lei
abbiamo nuociuto	avevamo nuociuto	avemmo nuociuto	avremo nuociuto	noi
avete nuociuto	avevate nuociuto	aveste nuociuto	avrete nuociuto	voi
hanno nuociuto	avevano nuociuto	ebbero nuociuto	avranno nuociuto	loro

● Congiuntivo

presente	imperfetto	passato	trapassato	
nuoccia	nuocessi	abbia nuociuto	avessi nuociuto	io
nuoccia	nuocessi	abbia nuociuto	avessi nuociuto	tu
nuoccia	nuocesse	abbia nuociuto	avesse nuociuto	lui/lei
nuociamo	nuocessimo	abbiamo nuociuto	avessimo nuociuto	noi
nuociate	nuoceste	abbiate nuociuto	aveste nuociuto	voi
nuocciano	nuocessero	abbiano nuociuto	avessero nuociuto	loro

note a pagina 137

● Imperativo

presente
—
nuoci
nuoccia
nuociamo
nuocete
nuocciano

● Condizionale

semplice	composto	
nuocerei	avrei nuociuto	io
nuoceresti	avresti nuociuto	tu
nuocerebbe	avrebbe nuociuto	lui/lei
nuoceremmo	avremmo nuociuto	noi
nuocereste	avreste nuociuto	voi
nuocerebbero	avrebbero nuociuto	loro

● Infinito

presente
nuocere
passato
avere nuociuto

● Participio

presente
nuocente
passato
nuociuto

● Gerundio

semplice
nuocendo
composto
avendo nuociuto

63

offrire

● Indicativo

	presente	imperfetto	passato remoto	futuro semplice
io	offro	offrivo	offrii	offrirò
tu	offri	offrivi	offristi	offrirai
lui/lei	offre	offriva	offrì	offrirà
noi	offriamo	offrivamo	offrimmo	offriremo
voi	offrite	offrivate	offriste	offrirete
loro	offrono	offrivano	offrirono	offriranno

	passato prossimo	trapassato prossimo	trapassato remoto	futuro anteriore
io	ho offerto	avevo offerto	ebbi offerto	avrò offerto
tu	hai offerto	avevi offerto	avesti offerto	avrai offerto
lui/lei	ha offerto	aveva offerto	ebbe offerto	avrà offerto
noi	abbiamo offerto	avevamo offerto	avemmo offerto	avremo offerto
voi	avete offerto	avevate offerto	aveste offerto	avrete offerto
loro	hanno offerto	avevano offerto	ebbero offerto	avranno offerto

● Congiuntivo

	presente	imperfetto	passato	trapassato
io	offra	offrissi	abbia offerto	avessi offerto
tu	offra	offrissi	abbia offerto	avessi offerto
lui/lei	offra	offrisse	abbia offerto	avesse offerto
noi	offriamo	offrissimo	abbiamo offerto	avessimo offerto
voi	offriate	offriste	abbiate offerto	aveste offerto
loro	offrano	offrissero	abbiano offerto	avessero offerto

● Condizionale

	semplice	composto
io	offrirei	avrei offerto
tu	offriresti	avresti offerto
lui/lei	offrirebbe	avrebbe offerto
noi	offriremmo	avremmo offerto
voi	offrireste	avreste offerto
loro	offrirebbero	avrebbero offerto

● Imperativo

	presente
io	—
tu	offri
lui/lei	offra
noi	offriamo
voi	offrite
loro	offrano

note a pagina 137

● Gerundio

semplice
offrendo

composto
avendo offerto

● Participio

presente
offerente

passato
offerto

● Infinito

presente
offrire

passato
avere offerto

perdere

● Indicativo

presente	imperfetto	passato remoto	futuro semplice	
perdo	perdevo	persi	perderò	io
perdi	perdevi	perdesti	perderai	tu
perde	perdeva	perse	perderà	lui/lei
perdiamo	perdevamo	perdemmo	perderemo	noi
perdete	perdevate	perdeste	perderete	voi
perdono	perdevano	persero	perderanno	loro

passato prossimo	trapassato prossimo	trapassato remoto	futuro anteriore	
ho perso	avevo perso	ebbi perso	avrò perso	io
hai perso	avevi perso	avesti perso	avrai perso	tu
ha perso	aveva perso	ebbe perso	avrà perso	lui/lei
abbiamo perso	avevamo perso	avemmo perso	avremo perso	noi
avete perso	avevate perso	aveste perso	avrete perso	voi
hanno perso	avevano perso	ebbero perso	avranno perso	loro

● Congiuntivo

presente	imperfetto	passato	trapassato	
perda	perdessi	abbia perso	avessi perso	io
perda	perdessi	abbia perso	avessi perso	tu
perda	perdesse	abbia perso	avesse perso	lui/lei
perdiamo	perdessimo	abbiamo perso	avessimo perso	noi
perdiate	perdeste	abbiate perso	aveste perso	voi
perdano	perdessero	abbiano perso	avessero perso	loro

note a pagina 137

● Imperativo

presente	
—	io
perdi	tu
perda	lui/lei
perdiamo	noi
perdete	voi
perdano	loro

● Condizionale

semplice	composto	
perderei	avrei perso	io
perderesti	avresti perso	tu
perderebbe	avrebbe perso	lui/lei
perderemmo	avremmo perso	noi
perdereste	avreste perso	voi
perderebbero	avrebbero perso	loro

● Infinito

presente
perdere

passato
avere perso

● Participio

presente
perdente

passato
perso

● Gerundio

semplice
perdendo

composto
avendo perso

65

persuadere

to persuade · persuader
überzeugen · persuadir · persuadir

● Indicativo

	presente	imperfetto	passato remoto	futuro semplice
io	persuado	persuadevo	persuasi	persuaderò
tu	persuadi	persuadevi	persuadesti	persuaderai
lui/lei	persuade	persuadeva	persuase	persuaderà
noi	persuadiamo	persuadevamo	persuademmo	persuaderemo
voi	persuadete	persuadevate	persuadeste	persuaderete
loro	persuadono	persuadevano	persuasero	persuaderanno

	passato prossimo	trapassato prossimo	trapassato remoto	futuro anteriore
io	ho persuaso	avevo persuaso	ebbi persuaso	avrò persuaso
tu	hai persuaso	avevi persuaso	avesti persuaso	avrai persuaso
lui/lei	ha persuaso	aveva persuaso	ebbe persuaso	avrà persuaso
noi	abbiamo persuaso	avevamo persuaso	avemmo persuaso	avremo persuaso
voi	avete persuaso	avevate persuaso	aveste persuaso	avrete persuaso
loro	hanno persuaso	avevano persuaso	ebbero persuaso	avranno persuaso

● Congiuntivo

	presente	imperfetto	passato	trapassato
io	persuada	persuadessi	abbia persuaso	avessi persuaso
tu	persuada	persuadessi	abbia persuaso	avessi persuaso
lui/lei	persuada	persuadesse	abbia persuaso	avesse persuaso
noi	persuadiamo	persuadessimo	abbiamo persuaso	avessimo persuaso
voi	persuadiate	persuadeste	abbiate persuaso	aveste persuaso
loro	persuadano	persuadessero	abbiano persuaso	avessero persuaso

● Condizionale

	semplice	composto
io	persuaderei	avrei persuaso
tu	persuaderesti	avresti persuaso
lui/lei	persuaderebbe	avrebbe persuaso
noi	persuaderemmo	avremmo persuaso
voi	persuadereste	avreste persuaso
loro	persuaderebbero	avrebbero persuaso

● Imperativo

	presente
io	—
tu	persuadi
lui/lei	persuada
noi	persuadiamo
voi	persuadete
loro	persuadano

note a pagina 137

● Gerundio

semplice
persuadendo

composto
avendo persuaso

● Participio

presente
persuadente

passato
persuaso

● Infinito

presente
persuadere

passato
avere persuaso

to please · plaire · gefallen · gustar · agradar

piacere

● Indicativo

presente	imperfetto	passato remoto	futuro semplice	
piaccio	piacevo	piacqui	piacerò	io
piaci	piacevi	piacesti	piacerai	tu
piace	piaceva	piacque	piacerà	lui/lei
piacciamo	piacevamo	piacemmo	piaceremo	noi
piacete	piacevate	piaceste	piacerete	voi
piacciono	piacevano	piacquero	piaceranno	loro

passato prossimo	trapassato prossimo	trapassato remoto	futuro anteriore	
sono piaciuto/a	ero piaciuto/a	fui piaciuto/a	sarò piaciuto/a	io
sei piaciuto/a	eri piaciuto/a	fosti piaciuto/a	sarai piaciuto/a	tu
è piaciuto/a	era piaciuto/a	fu piaciuto/a	sarà piaciuto/a	lui/lei
siamo piaciuti/e	eravamo piaciuti/e	fummo piaciuti/e	saremo piaciuti/e	noi
siete piaciuti/e	eravate piaciuti/e	foste piaciuti/e	sarete piaciuti/e	voi
sono piaciuti/e	erano piaciuti/e	furono piaciuti/e	saranno piaciuti/e	loro

● Congiuntivo

presente	imperfetto	passato	trapassato	
piaccia	piacessi	sia piaciuto/a	fossi piaciuto/a	io
piaccia	piacessi	sia piaciuto/a	fossi piaciuto/a	tu
piaccia	piacesse	sia piaciuto/a	fosse piaciuto/a	lui/lei
piacciamo	piacessimo	siamo piaciuti/e	fossimo piaciuti/e	noi
piacciate	piaceste	siate piaciuti/e	foste piaciuti/e	voi
piacciano	piacessero	siano piaciuti/e	fossero piaciuti/e	loro

note a pagina 137

● Imperativo

presente
—
piaci
piaccia
piacciamo
piacete
piacciano

● Condizionale

semplice	composto	
piacerei	sarei piaciuto/a	io
piaceresti	saresti piaciuto/a	tu
piacerebbe	sarebbe piaciuto/a	lui/lei
piaceremmo	saremmo piaciuti/e	noi
piacereste	sareste piaciuti/e	voi
piacerebbero	sarebbero piaciuti/e	loro

● Infinito

presente
piacere

passato
essere piaciuto/a/i/e

● Participio

presente
piacente

passato
piaciuto/a/i/e

● Gerundio

semplice
piacendo

composto
essendo piaciuto/a/i/e

67

piangere

● Indicativo

	presente	imperfetto	passato remoto	futuro semplice
io	piango	piangevo	piansi	piangerò
tu	piangi	piangevi	piangesti	piangerai
lui/lei	piange	piangeva	pianse	piangerà
noi	piangiamo	piangevamo	piangemmo	piangeremo
voi	piangete	piangevate	piangeste	piangerete
loro	piangono	piangevano	piansero	piangeranno

	passato prossimo	trapassato prossimo	trapassato remoto	futuro anteriore
io	ho pianto	avevo pianto	ebbi pianto	avrò pianto
tu	hai pianto	avevi pianto	avesti pianto	avrai pianto
lui/lei	ha pianto	aveva pianto	ebbe pianto	avrà pianto
noi	abbiamo pianto	avevamo pianto	avemmo pianto	avremo pianto
voi	avete pianto	avevate pianto	aveste pianto	avrete pianto
loro	hanno pianto	avevano pianto	ebbero pianto	avranno pianto

● Congiuntivo

	presente	imperfetto	passato	trapassato
io	pianga	piangessi	abbia pianto	avessi pianto
tu	pianga	piangessi	abbia pianto	avessi pianto
lui/lei	pianga	piangesse	abbia pianto	avesse pianto
noi	piangiamo	piangessimo	abbiamo pianto	avessimo pianto
voi	piangiate	piangeste	abbiate pianto	aveste pianto
loro	piangano	piangessero	abbiano pianto	avessero pianto

● Condizionale

	semplice	composto
io	piangerei	avrei pianto
tu	piangeresti	avresti pianto
lui/lei	piangerebbe	avrebbe pianto
noi	piangeremmo	avremmo pianto
voi	piangereste	avreste pianto
loro	piangerebbero	avrebbero pianto

● Imperativo

	presente
io	—
tu	piangi
lui/lei	pianga
noi	piangiamo
voi	piangete
loro	piangano

note a pagina 137

● Gerundio

semplice
piangendo

composto
avendo pianto

● Participio

presente
piangente

passato
pianto

● Infinito

presente
piangere

passato
avere pianto

68

to rain · pleuvoir · regnen · llover · chover

piovere

● Indicativo

presente	imperfetto	passato remoto	futuro semplice	
piovo	piovevo	piovvi	pioverò	io
piovi	piovevi	piovesti	pioverai	tu
piove	pioveva	piovve	pioverà	lui/lei
pioviamo	piovevamo	piovemmo	pioveremo	noi
piovete	piovevate	pioveste	pioverete	voi
piovono	piovevano	piovvero	pioveranno	loro

passato prossimo	trapassato prossimo	trapassato remoto	futuro anteriore	
sono piovuto/a	ero piovuto/a	fui piovuto/a	sarò piovuto/a	io
sei piovuto/a	eri piovuto/a	fosti piovuto/a	sarai piovuto/a	tu
è piovuto/a	era piovuto/a	fu piovuto/a	sarà piovuto/a	lui/lei
siamo piovuti/e	eravamo piovuti/e	fummo piovuti/e	saremo piovuti/e	noi
siete piovuti/e	eravate piovuti/e	foste piovuti/e	sarete piovuti/e	voi
sono piovuti/e	erano piovuti/e	furono piovuti/e	saranno piovuti/e	loro

● Congiuntivo

presente	imperfetto	passato	trapassato	
piova	piovessi	sia piovuto/a	fossi piovuto/a	io
piova	piovessi	sia piovuto/a	fossi piovuto/a	tu
piova	piovesse	sia piovuto/a	fosse piovuto/a	lui/lei
pioviamo	piovessimo	siamo piovuti/e	fossimo piovuti/e	noi
pioviate	pioveste	siate piovuti/e	foste piovuti/e	voi
piovano	piovessero	siano piovuti/e	fossero piovuti/e	loro

note a pagina 137

● Imperativo   ● Condizionale

presente		semplice	composto	
—		pioverei	sarei piovuto/a	io
piovi		pioveresti	saresti piovuto/a	tu
piova		pioverebbe	sarebbe piovuto/a	lui/lei
pioviamo		pioveremmo	saremmo piovuti/e	noi
piovete		piovereste	sareste piovuti/e	voi
piovano		pioverebbero	sarebbero piovuti/e	loro

● Infinito   ● Participio   ● Gerundio

presente	presente	semplice
piovere	piovente	piovendo

passato	passato	composto
essere piovuto/a/i/e	piovuto/a/i/e	essendo piovuto/a/i/e

69

porre

to put · poser · stellen · poner · pôr

● Indicativo

	presente	imperfetto	passato remoto	futuro semplice
io	pongo	ponevo	posi	porrò
tu	poni	ponevi	ponesti	porrai
lui/lei	pone	poneva	pose	porrà
noi	poniamo	ponevamo	ponemmo	porremo
voi	ponete	ponevate	poneste	porrete
loro	pongono	ponevano	posero	porranno

	passato prossimo	trapassato prossimo	trapassato remoto	futuro anteriore
io	ho posto	avevo posto	ebbi posto	avrò posto
tu	hai posto	avevi posto	avesti posto	avrai posto
lui/lei	ha posto	aveva posto	ebbe posto	avrà posto
noi	abbiamo posto	avevamo posto	avemmo posto	avremo posto
voi	avete posto	avevate posto	aveste posto	avrete posto
loro	hanno posto	avevano posto	ebbero posto	avranno posto

● Congiuntivo

	presente	imperfetto	passato	trapassato
io	ponga	ponessi	abbia posto	avessi posto
tu	ponga	ponessi	abbia posto	avessi posto
lui/lei	ponga	ponesse	abbia posto	avesse posto
noi	poniamo	ponessimo	abbiamo posto	avessimo posto
voi	poniate	poneste	abbiate posto	aveste posto
loro	pongano	ponessero	abbiano posto	avessero posto

● Condizionale

	semplice	composto
io	porrei	avrei posto
tu	porresti	avresti posto
lui/lei	porrebbe	avrebbe posto
noi	porremmo	avremmo posto
voi	porreste	avreste posto
loro	porrebbero	avrebbero posto

● Imperativo

presente
—
poni
ponga
poniamo
ponete
pongano

note a pagina 138

● Gerundio

semplice
ponendo

composto
avendo posto

● Participio

presente
ponente

passato
posto

● Infinito

presente
porre

passato
avere posto

70

potere

● Indicativo

presente	imperfetto	passato remoto	futuro semplice	
posso	potevo	potei	potrò	io
puoi	potevi	potesti	potrai	tu
può	poteva	poté	potrà	lui/lei
possiamo	potevamo	potemmo	potremo	noi
potete	potevate	poteste	potrete	voi
possono	potevano	poterono	potranno	loro

passato prossimo	trapassato prossimo	trapassato remoto	futuro anteriore	
ho potuto	avevo potuto	ebbi potuto	avrò potuto	io
hai potuto	avevi potuto	avesti potuto	avrai potuto	tu
ha potuto	aveva potuto	ebbe potuto	avrà potuto	lui/lei
abbiamo potuto	avevamo potuto	avemmo potuto	avremo potuto	noi
avete potuto	avevate potuto	aveste potuto	avrete potuto	voi
hanno potuto	avevano potuto	ebbero potuto	avranno potuto	loro

● Congiuntivo

presente	imperfetto	passato	trapassato	
possa	potessi	abbia potuto	avessi potuto	io
possa	potessi	abbia potuto	avessi potuto	tu
possa	potesse	abbia potuto	avesse potuto	lui/lei
possiamo	potessimo	abbiamo potuto	avessimo potuto	noi
possiate	poteste	abbiate potuto	aveste potuto	voi
possano	potessero	abbiano potuto	avessero potuto	loro

note a pagina 138

● Imperativo

presente
—
possa
possa
possiamo
possiate
possano

● Condizionale

semplice	composto	
potrei	avrei potuto	io
potresti	avresti potuto	tu
potrebbe	avrebbe potuto	lui/lei
potremmo	avremmo potuto	noi
potreste	avreste potuto	voi
potrebbero	avrebbero potuto	loro

● Infinito

presente
potere

passato
avere potuto

● Participio

presente
potente

passato
potuto

● Gerundio

semplice
potendo

composto
avendo potuto

71

prendere

to take · prendre · nehmen · coger · pegar

● Indicativo

	presente	imperfetto	passato remoto	futuro semplice
io	prendo	prendevo	presi	prenderò
tu	prendi	prendevi	prendesti	prenderai
lui/lei	prende	prendeva	prese	prenderà
noi	prendiamo	prendevamo	prendemmo	prenderemo
voi	prendete	prendevate	prendeste	prenderete
loro	prendono	prendevano	presero	prenderanno

	passato prossimo	trapassato prossimo	trapassato remoto	futuro anteriore
io	ho preso	avevo preso	ebbi preso	avrà preso
tu	hai preso	avevi preso	avesti preso	avrai preso
lui/lei	ha preso	aveva preso	ebbe preso	avrà preso
noi	abbiamo preso	avevamo preso	avemmo preso	avremo preso
voi	avete preso	avevate preso	aveste preso	avrete preso
loro	hanno preso	avevano preso	ebbero preso	avranno preso

● Congiuntivo

	presente	imperfetto	passato	trapassato
io	prenda	prendessi	abbia preso	avessi preso
tu	prenda	prendessi	abbia preso	avessi preso
lui/lei	prenda	prendesse	abbia preso	avesse preso
noi	prendiamo	prendessimo	abbiamo preso	avessimo preso
voi	prendiate	prendeste	abbiate preso	aveste preso
loro	prendano	prendessero	abbiano preso	avessero preso

● Condizionale

	semplice	composto
io	prenderei	avrei preso
tu	prenderesti	avresti preso
lui/lei	prenderebbe	avrebbe preso
noi	prenderemmo	avremmo preso
voi	prendereste	avreste preso
loro	prenderebbero	avrebbero preso

● Imperativo

	presente
io	—
tu	prendi
lui/lei	prenda
noi	prendiamo
voi	prendete
loro	prendano

note a pagina 138

● Gerundio

semplice
prendendo

composto
avendo preso

● Participio

presente
prendente

passato
preso

● Infinito

presente
prendere

passato
avere preso

to laugh · rire · lachen · reír · rir

ridere

● Indicativo

presente	imperfetto	passato remoto	futuro semplice	
rido	ridevo	risi	riderò	io
ridi	ridevi	ridesti	riderai	tu
ride	rideva	rise	riderà	lui/lei
ridiamo	ridevamo	ridemmo	rideremo	noi
ridete	ridevate	rideste	riderete	voi
ridono	ridevano	risero	rideranno	loro

passato prossimo	trapassato prossimo	trapassato remoto	futuro anteriore	
ho riso	avevo riso	ebbi riso	avrò riso	io
hai riso	avevi riso	avesti riso	avrai riso	tu
ha riso	aveva riso	ebbe riso	avrà riso	lui/lei
abbiamo riso	avevamo riso	avemmo riso	avremo riso	noi
avete riso	avevate riso	aveste riso	avrete riso	voi
hanno riso	avevano riso	ebbero riso	avranno riso	loro

● Congiuntivo

presente	imperfetto	passato	trapassato	
rida	ridessi	abbia riso	avessi riso	io
rida	ridessi	abbia riso	avessi riso	tu
rida	ridesse	abbia riso	avesse riso	lui/lei
ridiamo	ridessimo	abbiamo riso	avessimo riso	noi
ridiate	rideste	abbiate riso	aveste riso	voi
ridano	ridessero	abbiano riso	avessero riso	loro

note a pagina 138

● Imperativo ● Condizionale

presente	semplice	composto	
—	riderei	avrei riso	io
ridi	rideresti	avresti riso	tu
rida	riderebbe	avrebbe riso	lui/lei
ridiamo	rideremmo	avremmo riso	noi
ridete	ridereste	avreste riso	voi
ridano	riderebbero	avrebbero riso	loro

● Infinito ● Participio ● Gerundio

presente	presente	semplice
ridere	ridente	ridendo

passato	passato	composto
avere riso	riso	avendo riso

73

riempire

to fill up · remplir · füllen · llenar · encher

● Indicativo

	presente	imperfetto	passato remoto	futuro semplice
io	riempio	riempivo	riempii	riempirò
tu	riempi	riempivi	riempisti	riempirai
lui/lei	riempie	riempiva	riempì	riempirà
noi	riempiamo	riempivamo	riempimmo	riempiremo
voi	riempite	riempivate	riempiste	riempirete
loro	riempiono	riempivano	riempirono	riempiranno

	passato prossimo	trapassato prossimo	trapassato remoto	futuro anteriore
io	ho riempito	avevo riempito	ebbi riempito	avrò riempito
tu	hai riempito	avevi riempito	avesti riempito	avrai riempito
lui/lei	ha riempito	aveva riempito	ebbe riempito	avrà riempito
noi	abbiamo riempito	avevamo riempito	avemmo riempito	avremo riempito
voi	avete riempito	avevate riempito	aveste riempito	avrete riempito
loro	hanno riempito	avevano riempito	ebbero riempito	avranno riempito

● Congiuntivo

	presente	imperfetto	passato	trapassato
io	riempia	riempissi	abbia riempito	avessi riempito
tu	riempia	riempissi	abbia riempito	avessi riempito
lui/lei	riempia	riempisse	abbia riempito	avesse riempito
noi	riempiamo	riempissimo	abbiamo riempito	avessimo riempito
voi	riempiate	riempiste	abbiate riempito	aveste riempito
loro	riempiano	riempissero	abbiano riempito	avessero riempito

● Condizionale

	semplice	composto
io	riempirei	avrei riempito
tu	riempiresti	avresti riempito
lui/lei	riempirebbe	avrebbe riempito
noi	riempiremmo	avremmo riempito
voi	riempireste	avreste riempito
loro	riempirebbero	avrebbero riempito

● Imperativo

	presente
io	—
tu	riempi
lui/lei	riempia
noi	riempiamo
voi	riempite
loro	riempiano

note a pagina 139

● Gerundio

semplice
riempiendo

composto
avendo riempito

● Participio

presente
riempiente

passato
riempito

● Infinito

presente
riempire

passato
avere riempito

74

to reflect · refléter
wiederspiegeln · reflejar · refletir

riflettere

● Indicativo

presente	imperfetto	passato remoto	futuro semplice	
rifletto	riflettevo	riflettei	rifletterò	io
rifletti	riflettevi	riflettesti	rifletterai	tu
riflette	rifletteva	rifletté	rifletterà	lui/lei
riflettiamo	riflettevamo	riflettemmo	rifletteremo	noi
riflettete	riflettevate	rifletteste	rifletterete	voi
riflettono	riflettevano	rifletterono	rifletteranno	loro

passato prossimo	trapassato prossimo	trapassato remoto	futuro anteriore	
ho riflesso	avevo riflesso	ebbi riflesso	avrò riflesso	io
hai riflesso	avevi riflesso	avesti riflesso	avrai riflesso	tu
ha riflesso	aveva riflesso	ebbe riflesso	avrà riflesso	lui/lei
abbiamo riflesso	avevamo riflesso	avemmo riflesso	avremo riflesso	noi
avete riflesso	avevate riflesso	aveste riflesso	avrete riflesso	voi
hanno riflesso	avevano riflesso	ebbero riflesso	avranno riflesso	loro

● Congiuntivo

presente	imperfetto	passato	trapassato	
rifletta	riflettessi	abbia riflesso	avessi riflesso	io
rifletta	riflettessi	abbia riflesso	avessi riflesso	tu
rifletta	riflettesse	abbia riflesso	avesse riflesso	lui/lei
riflettiamo	riflettessimo	abbiamo riflesso	avessimo riflesso	noi
riflettiate	rifletteste	abbiate riflesso	aveste riflesso	voi
riflettano	riflettessero	abbiano riflesso	avessero riflesso	loro

note a pagina 139

● Imperativo

presente
—
rifletti
rifletta
riflettiamo
riflettete
riflettano

● Condizionale

semplice	composto	
rifletterei	avrei riflesso	io
rifletteresti	avresti riflesso	tu
rifletterebbe	avrebbe riflesso	lui/lei
rifletteremmo	avremmo riflesso	noi
riflettereste	avreste riflesso	voi
rifletterebbero	avrebbero riflesso	loro

● Infinito

presente
riflettere
passato
avere riflesso

● Participio

presente
riflettente
passato
riflesso

● Gerundio

semplice
riflettendo
composto
avendo riflesso

75

rimanere

● Indicativo

	presente	imperfetto	passato remoto	futuro semplice
io	rimango	rimanevo	rimasi	rimarrò
tu	rimani	rimanevi	rimanesti	rimarrai
lui/lei	rimane	rimaneva	rimase	rimarrà
noi	rimaniamo	rimanevamo	rimanemmo	rimarremo
voi	rimanete	rimanevate	rimaneste	rimarrete
loro	rimangono	rimanevano	rimasero	rimarranno

	passato prossimo	trapassato prossimo	trapassato remoto	futuro anteriore
io	sono rimasto/a	ero rimasto/a	fui rimasto/a	sarò rimasto/a
tu	sei rimasto/a	eri rimasto/a	fosti rimasto/a	sarai rimasto/a
lui/lei	è rimasto/a	era rimasto/a	fu rimasto/a	sarà rimasto/a
noi	siamo rimasti/e	eravamo rimasti/e	fummo rimasti/e	saremo rimasti/e
voi	siete rimasti/e	eravate rimasti/e	foste rimasti/e	sarete rimasti/e
loro	sono rimasti/e	erano rimasti/e	furono rimasti/e	saranno rimasti/e

● Congiuntivo

	presente	imperfetto	passato	trapassato
io	rimanga	rimanessi	sia rimasto/a	fossi rimasto/a
tu	rimanga	rimanessi	sia rimasto/a	fossi rimasto/a
lui/lei	rimanga	rimanesse	sia rimasto/a	fosse rimasto/a
noi	rimaniamo	rimanessimo	siamo rimasti/e	fossimo rimasti/e
voi	rimaniate	rimaneste	siate rimasti/e	foste rimasti/e
loro	rimangano	rimanessero	siano rimasti/e	fossero rimasti/e

● Condizionale

	semplice	composto
io	rimarrei	sarei rimasto/a
tu	rimarresti	saresti rimasto/a
lui/lei	rimarrebbe	sarebbe rimasto/a
noi	rimarremmo	saremmo rimasti/e
voi	rimarreste	sareste rimasti/e
loro	rimarrebbero	sarebbero rimasti/e

● Imperativo

	presente
io	—
tu	rimani
lui/lei	rimanga
noi	rimaniamo
voi	rimanete
loro	rimangano

note a pagina 139

● Gerundio

semplice
rimanendo

composto
essendo rimasto/a/i/e

● Participio

presente
rimanente

passato
rimasto/a/i/e

● Infinito

presente
rimanere

passato
essere rimasto/a/i/e

to resolve · résoudre
lösen · resolver · resolver

risolvere

● Indicativo

presente	imperfetto	passato remoto	futuro semplice	
risolvo	risolvevo	risolsi	risolverò	io
risolvi	risolvevi	risolvesti	risolverai	tu
risolve	risolveva	risolse	risolverà	lui/lei
risolviamo	risolvevamo	risolvemmo	risolveremo	noi
risolvete	risolvevate	risolveste	risolverete	voi
risolvono	risolvevano	risolsero	risolveranno	loro

passato prossimo	trapassato prossimo	trapassato remoto	futuro anteriore	
ho risolto	avevo risolto	ebbi risolto	avrò risolto	io
hai risolto	avevi risolto	avesti risolto	avrai risolto	tu
ha risolto	aveva risolto	ebbe risolto	avrà risolto	lui/lei
abbiamo risolto	avevamo risolto	avemmo risolto	avremo risolto	noi
avete risolto	avevate risolto	aveste risolto	avrete risolto	voi
hanno risolto	avevano risolto	ebbero risolto	avranno risolto	loro

● Congiuntivo

presente	imperfetto	passato	trapassato	
risolva	risolvessi	abbia risolto	avessi risolto	io
risolva	risolvessi	abbia risolto	avessi risolto	tu
risolva	risolvesse	abbia risolto	avesse risolto	lui/lei
risolviamo	risolvessimo	abbiamo risolto	avessimo risolto	noi
risolviate	risolveste	abbiate risolto	aveste risolto	voi
risolvano	risolvessero	abbiano risolto	avessero risolto	loro

note a pagina 139

● Imperativo   ● Condizionale

presente	semplice	composto	
—	risolverei	avrei risolto	io
risolvi	risolveresti	avresti risolto	tu
risolva	risolverebbe	avrebbe risolto	lui/lei
risolviamo	risolveremmo	avremmo risolto	noi
risolvete	risolvereste	avreste risolto	voi
risolvano	risolverebbero	avrebbero risolto	loro

● Infinito   ● Participio   ● Gerundio

presente	presente	semplice
risolvere	risolvente	risolvendo

passato	passato	composto
avere risolto	risolto	avendo risolto

77

rispondere

to answer · répondre
antworten · responder · responder

● Indicativo

	presente	imperfetto	passato remoto	futuro semplice
io	rispondo	rispondevo	risposi	risponderò
tu	rispondi	rispondevi	rispondesti	risponderai
lui/lei	risponde	rispondeva	rispose	risponderà
noi	rispondiamo	rispondevamo	rispondemmo	risponderemo
voi	rispondete	rispondevate	rispondeste	risponderete
loro	rispondono	rispondevano	risposero	risponderanno

	passato prossimo	trapassato prossimo	trapassato remoto	futuro anteriore
io	ho risposto	avevo risposto	ebbi risposto	avrò risposto
tu	hai risposto	avevi risposto	avesti risposto	avrai risposto
lui/lei	ha risposto	aveva risposto	ebbe risposto	avrà risposto
noi	abbiamo risposto	avevamo risposto	avemmo risposto	avremo risposto
voi	avete risposto	avevate risposto	aveste risposto	avrete risposto
loro	hanno risposto	avevano risposto	ebbero risposto	avranno risposto

● Congiuntivo

	presente	imperfetto	passato	trapassato
io	risponda	rispondessi	abbia risposto	avessi risposto
tu	risponda	rispondessi	abbia risposto	avessi risposto
lui/lei	risponda	rispondesse	abbia risposto	avesse risposto
noi	rispondiamo	rispondessimo	abbiamo risposto	avessimo risposto
voi	rispondiate	rispondeste	abbiate risposto	aveste risposto
loro	rispondano	rispondessero	abbiano risposto	avessero risposto

● Condizionale

	semplice	composto
io	risponderei	avrei risposto
tu	risponderesti	avresti risposto
lui/lei	risponderebbe	avrebbe risposto
noi	risponderemmo	avremmo risposto
voi	rispondereste	avreste risposto
loro	risponderebbero	avrebbero risposto

● Imperativo

	presente
io	—
tu	rispondi
lui/lei	risponda
noi	rispondiamo
voi	rispondete
loro	rispondano

note a pagina 139

● Gerundio

semplice
rispondendo

composto
avendo risposto

● Participio

presente
rispondente

passato
risposto

● Infinito

presente
rispondere

passato
avere risposto

78

to break · casser
zerbrechen · romper · romper

rompere

● Indicativo

presente	imperfetto	passato remoto	futuro semplice	
rompo	rompevo	ruppi	romperò	io
rompi	rompevi	rompesti	romperai	tu
rompe	rompeva	ruppe	romperà	lui/lei
rompiamo	rompevamo	rompemmo	romperemo	noi
rompete	rompevate	rompeste	romperete	voi
rompono	rompevano	ruppero	romperanno	loro

passato prossimo	trapassato prossimo	trapassato remoto	futuro anteriore	
ho rotto	avevo rotto	ebbi rotto	avrò rotto	io
hai rotto	avevi rotto	avesti rotto	avrai rotto	tu
ha rotto	aveva rotto	ebbe rotto	avrà rotto	lui/lei
abbiamo rotto	avevamo rotto	avemmo rotto	avremo rotto	noi
avete rotto	avevate rotto	aveste rotto	avrete rotto	voi
hanno rotto	avevano rotto	ebbero rotto	avranno rotto	loro

● Congiuntivo

presente	imperfetto	passato	trapassato	
rompa	rompessi	abbia rotto	avessi rotto	io
rompa	rompessi	abbia rotto	avessi rotto	tu
rompa	rompesse	abbia rotto	avesse rotto	lui/lei
rompiamo	rompessimo	abbiamo rotto	avessimo rotto	noi
rompiate	rompeste	abbiate rotto	aveste rotto	voi
rompano	rompessero	abbiano rotto	avessero rotto	loro

note a pagina 139

● Imperativo   ● Condizionale

presente	semplice	composto	
—	romperei	avrei rotto	io
rompi	romperesti	avresti rotto	tu
rompa	romperebbe	avrebbe rotto	lui/lei
rompiamo	romperemmo	avremmo rotto	noi
rompete	rompereste	avreste rotto	voi
rompano	romperebbero	avrebbero rotto	loro

● Infinito   ● Participio   ● Gerundio

presente	presente	semplice
rompere	rompente	rompendo
passato	passato	composto
avere rotto	rotto	avendo rotto

79

salire

to go up · monter · einsteigen · subir · subir

● Indicativo

	presente	imperfetto	passato remoto	futuro semplice
io	salgo	salivo	salii	salirò
tu	sali	salivi	salisti	salirai
lui/lei	sale	saliva	salì	salirà
noi	saliamo	salivamo	salimmo	saliremo
voi	salite	salivate	saliste	salirete
loro	salgono	salivano	salirono	saliranno

	passato prossimo	trapassato prossimo	trapassato remoto	futuro anteriore
io	sono salito/a	ero salito/a	fui salito/a	sarò salito/a
tu	sei salito/a	eri salito/a	fosti salito/a	sarai salito/a
lui/lei	è salito/a	era salito/a	fu salito/a	sarà salito/a
noi	siamo saliti/e	eravamo saliti/e	fummo saliti/e	saremo saliti/e
voi	siete saliti/e	eravate saliti/e	foste saliti/e	sarete saliti/e
loro	sono saliti/e	erano saliti/e	furono saliti/e	saranno saliti/e

● Congiuntivo

	presente	imperfetto	passato	trapassato
io	salga	salissi	sia salito/a	fossi salito/a
tu	salga	salissi	sia salito/a	fossi salito/a
lui/lei	salga	salisse	sia salito/a	fosse salito/a
noi	saliamo	salissimo	siamo saliti/e	fossimo saliti/e
voi	saliate	saliste	siate saliti/e	foste saliti/e
loro	salgano	salissero	siano saliti/e	fossero saliti/e

● Condizionale

	semplice	composto
io	salirei	sarei salito/a
tu	saliresti	saresti salito/a
lui/lei	salirebbe	sarebbe salito/a
noi	saliremmo	saremmo saliti/e
voi	salireste	sareste saliti/e
loro	salirebbero	sarebbero saliti/e

● Imperativo

	presente
io	—
tu	sali
lui/lei	salga
noi	saliamo
voi	salite
loro	salgano

note a pagina 139

● Gerundio

semplice
salendo

composto
essendo salito/a/i/e

● Participio

presente
saliente/salente

passato
salito/a/i/e

● Infinito

presente
salire

passato
essere salito/a/i/e

sapere

● Indicativo

presente	imperfetto	passato remoto	futuro semplice	
so	sapevo	seppi	saprò	Iu
sai	sapevi	sapesti	saprai	tu
sa	sapeva	seppe	saprà	lui/lei
sappiamo	sapevamo	sapemmo	sapremo	noi
sapete	sapevate	sapeste	saprete	voi
sanno	sapevano	seppero	sapranno	loro

passato prossimo	trapassato prossimo	trapassato remoto	futuro anteriore	
ho saputo	avevo saputo	ebbi saputo	avrò saputo	io
hai saputo	avevi saputo	avesti saputo	avrai saputo	tu
ha saputo	aveva saputo	ebbe saputo	avrà saputo	lui/lei
abbiamo saputo	avevamo saputo	avemmo saputo	avremo saputo	noi
avete saputo	avevate saputo	aveste saputo	avrete saputo	voi
hanno saputo	avevano saputo	ebbero saputo	avranno saputo	loro

● Congiuntivo

presente	imperfetto	passato	trapassato	
sappia	sapessi	abbia saputo	avessi saputo	io
sappia	sapessi	abbia saputo	avessi saputo	tu
sappia	sapesse	abbia saputo	avesse saputo	lui/lei
sappiamo	sapessimo	abbiamo saputo	avessimo saputo	noi
sappiate	sapeste	abbiate saputo	aveste saputo	voi
sappiano	sapessero	abbiano saputo	avessero saputo	loro

● Imperativo   ## ● Condizionale

note a pagina 140

presente		semplice	composto	
—		saprei	avrei saputo	io
sappi		sapresti	avresti saputo	tu
sappia		saprebbe	avrebbe saputo	lui/lei
sappiamo		sapremmo	avremmo saputo	noi
sappiate		sapreste	avreste saputo	voi
sappiano		saprebbero	avrebbero saputo	loro

● Infinito   ## ● Participio   ## ● Gerundio

presente	presente	semplice
sapere	—	sapendo

passato	passato	composto
avere saputo	saputo	avendo saputo

81

scegliere

● Indicativo

	presente	imperfetto	passato remoto	futuro semplice
io	scelgo	sceglievo	scelsi	sceglierò
tu	scegli	sceglievi	scegliesti	sceglierai
lui/lei	sceglie	sceglieva	scelse	sceglierà
noi	scegliamo	sceglievamo	scegliemmo	sceglieremo
voi	scegliete	sceglievate	sceglieste	sceglierete
loro	scelgono	sceglievano	scelsero	sceglieranno

	passato prossimo	trapassato prossimo	trapassato remoto	futuro anteriore
io	ho scelto	avevo scelto	ebbi scelto	avrò scelto
tu	hai scelto	avevi scelto	avesti scelto	avrai scelto
lui/lei	ha scelto	aveva scelto	ebbe scelto	avrà scelto
noi	abbiamo scelto	avevamo scelto	avemmo scelto	avremo scelto
voi	avete scelto	avevate scelto	aveste scelto	avrete scelto
loro	hanno scelto	avevano scelto	ebbero scelto	avranno scelto

● Congiuntivo

	presente	imperfetto	passato	trapassato
io	scelga	scegliessi	abbia scelto	avessi scelto
tu	scelga	scegliessi	abbia scelto	avessi scelto
lui/lei	scelga	scegliesse	abbia scelto	avesse scelto
noi	scegliamo	scegliessimo	abbiamo scelto	avessimo scelto
voi	scegliate	sceglieste	abbiate scelto	aveste scelto
loro	scelgano	scegliessero	abbiano scelto	avessero scelto

● Condizionale

	semplice	composto
io	sceglierei	avrei scelto
tu	sceglieresti	avresti scelto
lui/lei	sceglierebbe	avrebbe scelto
noi	sceglieremmo	avremmo scelto
voi	scegliereste	avreste scelto
loro	sceglierebbero	avrebbero scelto

● Imperativo

	presente
	—
tu	scegli
lui/lei	scelga
noi	scegliamo
voi	scegliete
loro	scelgano

note a pagina 140

● Gerundio

semplice
scegliendo

composto
avendo scelto

● Participio

presente
scegliente

passato
scelto

● Infinito

presente
scegliere

passato
avere scelto

82

to descend · descendre
aussteigen · descender · descer

scendere

● Indicativo

presente	imperfetto	passato remoto	futuro semplice	
scendo	scendevo	scesi	scenderò	io
scendi	scendevi	scendesti	scenderai	tu
scende	scendeva	scese	scenderà	lui/lei
scendiamo	scendevamo	scendemmo	scenderemo	noi
scendete	scendevate	scendeste	scenderete	voi
scendono	scendevano	scesero	scenderanno	loro

passato prossimo	trapassato prossimo	trapassato remoto	futuro anteriore	
sono sceso/a	ero sceso/a	fui sceso/a	sarò sceso/a	io
sei sceso/a	eri sceso/a	fosti sceso/a	sarai sceso/a	tu
è sceso/a	era sceso/a	fu sceso/a	sarà sceso/a	lui/lei
siamo scesi/e	eravamo scesi/e	fummo scesi/e	saremo scesi/e	noi
siete scesi/e	eravate scesi/e	foste scesi/e	sarete scesi/e	voi
sono scesi/e	erano scesi/e	furono scesi/e	saranno scesi/e	loro

● Congiuntivo

presente	imperfetto	passato	trapassato	
scenda	scendessi	sia sceso/a	fossi sceso/a	io
scenda	scendessi	sia sceso/a	fossi sceso/a	tu
scenda	scendesse	sia sceso/a	fosse sceso/a	lui/lei
scendiamo	scendessimo	siamo scesi/e	fossimo scesi/e	noi
scendiate	scendeste	siate scesi/e	foste scesi/e	voi
scendano	scendessero	siano scesi/e	fossero scesi/e	loro

● Imperativo ● Condizionale

note a pagina 140

presente	semplice	composto	
—	scenderei	sarei sceso/a	io
scendi	scenderesti	saresti sceso/a	tu
scenda	scenderebbe	sarebbe sceso/a	lui/lei
scendiamo	scenderemmo	saremmo scesi/e	noi
scendete	scendereste	sareste scesi/e	voi
scendano	scenderebbero	sarebbero scesi/e	loro

● Infinito ● Participio ● Gerundio

presente	presente	semplice
scendere	scendente	scendendo

passato	passato	composto
essere sceso/a/i/e	sceso/a/i/e	essendo sceso/a/i/e

83

scrivere

● Indicativo

	presente	imperfetto	passato remoto	futuro semplice
io	scrivo	scrivevo	scrissi	scriverò
tu	scrivi	scrivevi	scrivesti	scriverai
lui/lei	scrive	scriveva	scrisse	scriverà
noi	scriviamo	scrivevamo	scrivemmo	scriveremo
voi	scrivete	scrivevate	scriveste	scriverete
loro	scrivono	scrivevano	scrissero	scriveranno

	passato prossimo	trapassato prossimo	trapassato remoto	futuro anteriore
io	ho scritto	avevo scritto	ebbi scritto	avrò scritto
tu	hai scritto	avevi scritto	avesti scritto	avrai scritto
lui/lei	ha scritto	aveva scritto	ebbe scritto	avrà scritto
noi	abbiamo scritto	avevamo scritto	avemmo scritto	avremo scritto
voi	avete scritto	avevate scritto	aveste scritto	avrete scritto
loro	hanno scritto	avevano scritto	ebbero scritto	avranno scritto

● Congiuntivo

	presente	imperfetto	passato	trapassato
io	scriva	scrivessi	abbia scritto	avessi scritto
tu	scriva	scrivessi	abbia scritto	avessi scritto
lui/lei	scriva	scrivesse	abbia scritto	avesse scritto
noi	scriviamo	scrivessimo	abbiamo scritto	avessimo scritto
voi	scriviate	scriveste	abbiate scritto	aveste scritto
loro	scrivano	scrivessero	abbiano scritto	avessero scritto

● Condizionale

	semplice	composto
io	scriverei	avrei scritto
tu	scriveresti	avresti scritto
lui/lei	scriverebbe	avrebbe scritto
noi	scriveremmo	avremmo scritto
voi	scrivereste	avreste scritto
loro	scriverebbero	avrebbero scritto

● Imperativo

	presente
io	—
tu	scrivi
lui/lei	scriva
noi	scriviamo
voi	scrivete
loro	scrivano

note a pagina 140

● Gerundio

semplice
scrivendo

composto
avendo scritto

● Participio

presente
scrivente

passato
scritto

● Infinito

presente
scrivere

passato
avere scritto

84

to shake · secouer · schütteln · sacudir · sacudir

scuotere

● Indicativo

presente	imperfetto	passato remoto	futuro semplice	
scuoto	scuotevo	scossi	scuoterò	io
scuoti	scuotevi	scuotesti	scuoterai	tu
scuote	scuoteva	scosse	scuoterà	lui/lei
scuotiamo	scuotevamo	scuotemmo	scuoteremo	noi
scuotete	scuotevate	scuoteste	scuoterete	voi
scuotono	scuotevano	scossero	scuoteranno	loro

passato prossimo	trapassato prossimo	trapassato remoto	futuro anteriore	
ho scosso	avevo scosso	ebbi scosso	avrò scosso	io
hai scosso	avevi scosso	avesti scosso	avrai scosso	tu
ha scosso	aveva scosso	ebbe scosso	avrà scosso	lui/lei
abbiamo scosso	avevamo scosso	avemmo scosso	avremo scosso	noi
avete scosso	avevate scosso	aveste scosso	avrete scosso	voi
hanno scosso	avevano scosso	ebbero scosso	avranno scosso	loro

● Congiuntivo

presente	imperfetto	passato	trapassato	
scuota	scuotessi	abbia scosso	avessi scosso	io
scuota	scuotessi	abbia scosso	avessi scosso	tu
scuota	scuotesse	abbia scosso	avesse scosso	lui/lei
scuotiamo	scuotessimo	abbiamo scosso	avessimo scosso	noi
scuotiate	scuoteste	abbiate scosso	aveste scosso	voi
scuotano	scuotessero	abbiano scosso	avessero scosso	loro

note a pagina 140

● Imperativo   ## ● Condizionale

presente		semplice	composto	
—		scuoterei	avrei scosso	io
scuoti		scuoteresti	avresti scosso	tu
scuota		scuoterebbe	avrebbe scosso	lui/lei
scuotiamo		scuoteremmo	avremmo scosso	noi
scuotete		scuotereste	avreste scosso	voi
scuotano		scuoterebbero	avrebbero scosso	loro

● Infinito   ## ● Participio   ## ● Gerundio

presente	presente	semplice
scuotere	scuotente	scuotendo

passato	passato	composto
avere scosso	scosso	avendo scosso

85

sedere/-rsi

● Indicativo

	presente	imperfetto	passato remoto	futuro semplice
io	(mi) siedo	(mi) sedevo	(mi) sedei/sedetti	(mi) siederò
tu	(ti) siedi	(ti) sedevi	(ti) sedesti	(ti) siederai
lui/lei	(si) siede	(si) sedeva	(si) sedé/sedette	(si) siederà
noi	(ci) sediamo	(ci) sedevamo	(ci) sedemmo	(ci) siederemo
voi	(vi) sedete	(vi) sedevate	(vi) sedeste	(vi) siederete
loro	(si) siedono	(si) sedevano	(si) sederono/sedettero	(si) siederanno

	passato prossimo	trapassato prossimo	trapassato remoto	futuro anteriore
io	(mi) sono seduto/a	(mi) ero seduto/a	(mi) fui seduto/a	(mi) sarò seduto/a
tu	(ti) sei seduto/a	(ti) eri seduto/a	(ti) fosti seduto/a	(ti) sarai seduto/a
lui/lei	(si) è seduto/a	(si) era seduto/a	(si) fu seduto/a	(si) sarà seduto/a
noi	(ci) siamo seduti/e	(ci) eravamo seduti/e	(ci) fummo seduti/e	(ci) saremo seduti/e
voi	(vi) siete seduti/e	(vi) eravate seduti/e	(vi) foste seduti/e	(vi) sarete seduti/e
loro	(si) sono seduti/e	(si) erano seduti/e	(si) furono seduti/e	(si) saranno seduti/e

● Congiuntivo

	presente	imperfetto	passato	trapassato
io	(mi) sieda	(mi) sedessi	(mi) sia seduto/a	(mi) fossi seduto/a
tu	(ti) sieda	(ti) sedessi	(ti) sia seduto/a	(ti) fossi seduto/a
lui/lei	(si) sieda	(si) sedesse	(si) sia seduto/a	(si) fosse seduto/a
noi	(ci) sediamo	(ci) sedessimo	(ci) siamo seduti/e	(ci) fossimo seduti/e
voi	(vi) sediate	(vi) sedeste	(vi) siate seduti/e	(vi) foste seduti/e
loro	(si) siedano	(si) sedessero	(si) siano seduti/e	(si) fossero seduti/e

● Condizionale

	semplice	composto
io	(mi) siederei	(mi) sarei seduto/a
tu	(ti) siederesti	(ti) saresti seduto/a
lui/lei	(si) siederebbe	(si) sarebbe seduto/a
noi	(ci) siederemmo	(ci) saremmo seduti/e
voi	(vi) siedereste	(vi) sareste seduti/e
loro	(si) siederebbero	(si) sarebbero seduti/e

● Imperativo

	presente
io	—
tu	siedi(ti)
lui/lei	(si) sieda
noi	sediamo(ci)
voi	sedete(vi)
loro	(si) siedano

note a pagina 141

● Gerundio

semplice
sedendo(si)
composto
essendo(si) seduto/a/i/e

● Participio

presente
sedente(si)
passato
seduto/a/i/e(si)

● Infinito

presente
sedere/-rsi
passato
esser(si) seduto/a/i/e

to rise · se lever
aufgehen · surgir · surgir

sorgere

● Indicativo

presente	imperfetto	passato remoto	futuro semplice	
sorgo	sorgevo	sorsi	sorgerò	io
sorgi	sorgevi	sorgesti	sorgerai	tu
sorge	sorgeva	sorse	sorgerà	lui/lei
sorgiamo	sorgevamo	sorgemmo	sorgeremo	noi
sorgete	sorgevate	sorgeste	sorgerete	voi
sorgono	sorgevano	sorsero	sorgeranno	loro

passato prossimo	trapassato prossimo	trapassato remoto	futuro anteriore	
sono sorto/a	ero sorto/a	fui sorto/a	sarò sorto/a	io
sei sorto/a	eri sorto/a	fosti sorto/a	sarai sorto/a	tu
è sorto/a	era sorto/a	fu sorto/a	sarà sorto/a	lui/lei
siamo sorti/e	eravamo sorti/e	fummo sorti/e	saremo sorti/e	noi
siete sorti/e	eravate sorti/e	foste sorti/e	sarete sorti/e	voi
sono sorti/e	erano sorti/e	furono sorti/e	saranno sorti/e	loro

● Congiuntivo

presente	imperfetto	passato	trapassato	
sorga	sorgessi	sia sorto/a	fossi sorto/a	io
sorga	sorgessi	sia sorto/a	fossi sorto/a	tu
sorga	sorgesse	sia sorto/a	fosse sorto/a	lui/lei
sorgiamo	sorgessimo	siamo sorti/e	fossimo sorti/e	noi
sorgiate	sorgeste	siate sorti/e	foste sorti/e	voi
sorgano	sorgessero	siano sorti/e	fossero sorti/e	loro

● Imperativo   ● Condizionale

note a pagina 141

presente
—
sorgi
sorga
sorgiamo
sorgete
sorgano

semplice	composto	
sorgerei	sarei sorto/a	io
sorgeresti	saresti sorto/a	tu
sorgerebbe	sarebbe sorto/a	lui/lei
sorgeremmo	saremmmo sorti/e	noi
sorgereste	sareste sorti/e	voi
sorgerebbero	sarebbero sorti/e	loro

● Infinito   ● Participio   ● Gerundio

presente	presente	semplice
sorgere	sorgente	sorgendo

passato	passato	composto
essere sorto/a/i/e	sorto/a/i/e	essendo sorto/a/i/e

spargere

to scatter · répandre
verbreiten · esparcir · espalhar

● Indicativo

	presente	imperfetto	passato remoto	futuro semplice
io	spargo	spargevo	sparsi	spargerò
tu	spargi	spargevi	spargesti	spargerai
lui/lei	sparge	spargeva	sparse	spargerà
noi	spargiamo	spargevamo	spargemmo	spargeremo
voi	spargete	spargevate	spargeste	spargerete
loro	spargono	spargevano	sparsero	spargeranno

	passato prossimo	trapassato prossimo	trapassato remoto	futuro anteriore
io	ho sparso	avevo sparso	ebbi sparso	avrò sparso
tu	hai sparso	avevi sparso	avesti sparso	avrai sparso
lui/lei	ha sparso	aveva sparso	ebbe sparso	avrà sparso
noi	abbiamo sparso	avevamo sparso	avemmo sparso	avremo sparso
voi	avete sparso	avevate sparso	aveste sparso	avrete sparso
loro	hanno sparso	avevano sparso	ebbero sparso	avranno sparso

● Congiuntivo

	presente	imperfetto	passato	trapassato
io	sparga	spargessi	abbia sparso	avessi sparso
tu	sparga	spargessi	abbia sparso	avessi sparso
lui/lei	sparga	spargesse	abbia sparso	avesse sparso
noi	spargiamo	spargessimo	abbiamo sparso	avessimo sparso
voi	spargiate	spargeste	abbiate sparso	aveste sparso
loro	spargano	spargessero	abbiano sparso	avessero sparso

● Condizionale

	semplice	composto
io	spargerei	avrei sparso
tu	spargeresti	avresti sparso
lui/lei	spargerebbe	avrebbe sparso
noi	spargeremmo	avremmo sparso
voi	spargereste	avreste sparso
loro	spargerebbero	avrebbero sparso

● Imperativo

	presente
io	—
tu	spargi
lui/lei	sparga
noi	spargiamo
voi	spargete
loro	spargano

note a pagina 141

● Gerundio

semplice
spargendo

composto
avendo sparso

● Participio

presente
spargente

passato
sparso

● Infinito

presente
spargere

passato
avere sparso

to turn off · éteindre
ausmachen · apagar · apagar

spegnere

● Indicativo

presente	imperfetto	passato remoto	futuro semplice	
spengo	spegnevo	spensi	spegnerò	io
spegni	spegnevi	spegnesti	spegnerai	tu
spegne	spegneva	spense	spegnerà	lui/lei
spegniamo	spegnevamo	spegnemmo	spegneremo	noi
spegnete	spegnevate	spegneste	spegnerete	voi
spengono	spegnevano	spensero	spegneranno	loro

passato prossimo	trapassato prossimo	trapassato remoto	futuro anteriore	
ho spento	avevo spento	ebbi spento	avrò spento	io
hai spento	avevi spento	avesti spento	avrai spento	tu
ha spento	aveva spento	ebbe spento	avrà spento	lui/lei
abbiamo spento	avevamo spento	avemmo spento	avremo spento	noi
avete spento	avevate spento	aveste spento	avrete spento	voi
hanno spento	avevano spento	ebbero spento	avranno spento	loro

● Congiuntivo

presente	imperfetto	passato	trapassato	
spenga	spegnessi	abbia spento	avessi spento	io
spenga	spegnessi	abbia spento	avessi spento	tu
spenga	spegnesse	abbia spento	avesse spento	lui/lei
spegniamo	spegnessimo	abbiamo spento	avessimo spento	noi
spegniate	spegneste	abbiate spento	aveste spento	voi
spengano	spegnessero	abbiano spento	avessero spento	loro

note a pagina 141

● Imperativo

presente
—
spegni
spenga
spegniamo
spegnete
spengano

● Condizionale

semplice	composto	
spegnerei	avrei spento	io
spegneresti	avresti spento	tu
spegnerebbe	avrebbe spento	lui/lei
spegneremmo	avremmo spento	noi
spegnereste	avreste spento	voi
spegnerebbero	avrebbero spento	loro

● Infinito

presente
spegnere

passato
avere spento

● Participio

presente
spegnente

passato
spento

● Gerundio

semplice
spegnendo

composto
avendo spento

89

spingere

● Indicativo

	presente	imperfetto	passato remoto	futuro semplice
io	spingo	spingevo	spinsi	spingerò
tu	spingi	spingevi	spingesti	spingerai
lui/lei	spinge	spingeva	spinse	spingerà
noi	spingiamo	spingevamo	spingemmo	spingeremo
voi	spingete	spingevate	spingeste	spingerete
loro	spingono	spingevano	spinsero	spingeranno

	passato prossimo	trapassato prossimo	trapassato remoto	futuro anteriore
io	ho spinto	avevo spinto	ebbi spinto	avrò spinto
tu	hai spinto	avevi spinto	avesti spinto	avrai spinto
lui/lei	ha spinto	aveva spinto	ebbe spinto	avrà spinto
noi	abbiamo spinto	avevamo spinto	avemmo spinto	avremo spinto
voi	avete spinto	avevate spinto	aveste spinto	avrete spinto
loro	hanno spinto	avevano spinto	ebbero spinto	avranno spinto

● Congiuntivo

	presente	imperfetto	passato	trapassato
io	spinga	spingessi	abbia spinto	avessi spinto
tu	spinga	spingessi	abbia spinto	avessi spinto
lui/lei	spinga	spingesse	abbia spinto	avesse spinto
noi	spingiamo	spingessimo	abbiamo spinto	avessimo spinto
voi	spingiate	spingeste	abbiate spinto	aveste spinto
loro	spingano	spingessero	abbiano spinto	avessero spinto

● Condizionale

	semplice	composto
io	spingerei	avrei spinto
tu	spingeresti	avresti spinto
lui/lei	spingerebbe	avrebbe spinto
noi	spingeremmo	avremmo spinto
voi	spingereste	avreste spinto
loro	spingerebbero	avrebbero spinto

● Imperativo

	presente
io	—
tu	spingi
lui/lei	spinga
noi	spingiamo
voi	spingete
loro	spingano

note a pagina 141

● Gerundio

semplice
spingendo

composto
avendo spinto

● Participio

presente
spingente

passato
spinto

● Infinito

presente
spingere

passato
avere spinto

90

to stay · rester · bleiben · estar · estar

stare

● Indicativo

presente	imperfetto	passato remoto	futuro semplice	
sto	stavo	stetti	starò	io
stai	stavi	stesti	starai	tu
sta	stava	stette	starà	lui/lei
stiamo	stavamo	stemmo	staremo	noi
state	stavate	steste	starete	voi
stanno	stavano	stettero	staranno	loro

passato prossimo	trapassato prossimo	trapassato remoto	futuro anteriore	
sono stato/a	ero stato/a	fui stato/a	sarò stato/a	io
sei stato/a	eri stato/a	fosti stato/a	sarai stato/a	tu
è stato/a	era stato/a	fu stato/a	sarà stato/a	lui/lei
siamo stati/e	eravamo stati/e	fummo stati/e	saremo stati/e	noi
siete stati/e	eravate stati/e	foste stati/e	sarete stati/e	voi
sono stati/e	erano stati/e	furono stati/e	saranno stati/e	loro

● Congiuntivo

presente	imperfetto	passato	trapassato	
stia	stessi	sia stato/a	fossi stato/a	io
stia	stessi	sia stato/a	fossi stato/a	tu
stia	stesse	sia stato/a	fosse stato/a	lui/lei
stiamo	stessimo	siamo stati/e	fossimo stati/e	noi
stiate	steste	siate stati/e	foste stati/e	voi
stiano	stessero	siano stati/e	fossero stati/e	loro

● Imperativo   ## ● Condizionale

note a pagina 142

presente		semplice	composto	
—		starei	sarei stato/a	io
sta'/stai		staresti	saresti stato/a	tu
stia		starebbe	sarebbe stato/a	lui/lei
stiamo		staremmo	saremmo stati/e	noi
state		stareste	sareste stati/e	voi
stiano		starebbero	sarebbero stati/e	loro

● Infinito   ## ● Participio   ● Gerundio

presente
stare

passato
essere stato/a/i/e

presente
stante

passato
stato/a/i/e

semplice
stando

composto
essendo stato/a/i/e

stringere

to squeeze · serrer · drücken · apretar · apertar

● Indicativo

	presente	imperfetto	passato remoto	futuro semplice
io	stringo	stringevo	strinsi	stringerò
tu	stringi	stringevi	stringesti	stringerai
lui/lei	stringe	stringeva	strinse	stringerà
noi	stringiamo	stringevamo	stringemmo	stringeremo
voi	stringete	stringevate	stringeste	stringerete
loro	stringono	stringevano	strinsero	stringeranno

	passato prossimo	trapassato prossimo	trapassato remoto	futuro anteriore
io	ho stretto	avevo stretto	ebbi stretto	avrò stretto
tu	hai stretto	avevi stretto	avesti stretto	avrai stretto
lui/lei	ha stretto	aveva stretto	ebbe stretto	avrà stretto
noi	abbiamo stretto	avevamo stretto	avemmo stretto	avremo stretto
voi	avete stretto	avevate stretto	aveste stretto	avrete stretto
loro	hanno stretto	avevano stretto	ebbero stretto	avranno stretto

● Congiuntivo

	presente	imperfetto	passato	trapassato
io	stringa	stringessi	abbia stretto	avessi stretto
tu	stringa	stringessi	abbia stretto	avessi stretto
lui/lei	stringa	stringesse	abbia stretto	avesse stretto
noi	stringiamo	stringessimo	abbiamo stretto	avessimo stretto
voi	stringiate	stringeste	abbiate stretto	aveste stretto
loro	stringano	stringessero	abbiano stretto	avessero stretto

● Condizionale

	semplice	composto
io	stringerei	avrei stretto
tu	stringeresti	avresti stretto
lui/lei	stringerebbe	avrebbe stretto
noi	stringeremmo	avremmo stretto
voi	stringereste	avreste stretto
loro	stringerebbero	avrebbero stretto

● Imperativo

	presente
io	—
tu	stringi
lui/lei	stringa
noi	stringiamo
voi	stringete
loro	stringano

note a pagina 142

● Gerundio

semplice
stringendo

composto
avendo stretto

● Participio

presente
stringente

passato
stretto

● Infinito

presente
stringere

passato
avere stretto

92

to be silent · se taire · schweigen · callar · calar

tacere

● Indicativo

presente	imperfetto	passato remoto	futuro semplice	
taccio	tacevo	tacqui	tacerò	io
taci	tacevi	tacesti	tacerai	tu
tace	taceva	tacque	tacerà	lui/lei
tacciamo	tacevamo	tacemmo	taceremo	noi
tacete	tacevate	taceste	tacerete	voi
tacciono	tacevano	tacquero	taceranno	loro

passato prossimo	trapassato prossimo	trapassato remoto	futuro anteriore	
ho taciuto	avevo taciuto	ebbi taciuto	avrò taciuto	io
hai taciuto	avevi taciuto	avesti taciuto	avrai taciuto	tu
ha taciuto	aveva taciuto	ebbe taciuto	avrà taciuto	lui/lei
abbiamo taciuto	avevamo taciuto	avemmo taciuto	avremo taciuto	noi
avete taciuto	avevate taciuto	aveste taciuto	avrete taciuto	voi
hanno taciuto	avevano taciuto	ebbero taciuto	avranno taciuto	loro

● Congiuntivo

presente	imperfetto	passato	trapassato	
taccia	tacessi	abbia taciuto	avessi taciuto	io
taccia	tacessi	abbia taciuto	avessi taciuto	tu
taccia	tacesse	abbia taciuto	avesse taciuto	lui/lei
tacciamo	tacessimo	abbiamo taciuto	avessimo taciuto	noi
tacciate	taceste	abbiate taciuto	aveste taciuto	voi
tacciano	tacessero	abbiano taciuto	avessero taciuto	loro

● Imperativo   ## ● Condizionale

note a pagina 142

presente		semplice	composto	
—		tacerei	avrei taciuto	io
taci		taceresti	avresti taciuto	tu
taccia		tacerebbe	avrebbe taciuto	lui/lei
tacciamo		taceremmo	avremmo taciuto	noi
tacete		tacereste	avreste taciuto	voi
tacciano		tacerebbero	avrebbero taciuto	loro

● Infinito   ## ● Participio   ## ● Gerundio

presente	presente	semplice
tacere	tacente	tacendo

passato	passato	composto
avere taciuto	taciuto	avendo taciuto

93

tenere

● Indicativo

	presente	imperfetto	passato remoto	futuro semplice
io	tengo	tenevo	tenni	terrò
tu	tieni	tenevi	tenesti	terrai
lui/lei	tiene	teneva	tenne	terrà
noi	teniamo	tenevamo	tenemmo	terremo
voi	tenete	tenevate	teneste	terrete
loro	tengono	tenevano	tennero	terranno

	passato prossimo	trapassato prossimo	trapassato remoto	futuro anteriore
io	ho tenuto	avevo tenuto	ebbi tenuto	avrò tenuto
tu	hai tenuto	avevi tenuto	avesti tenuto	avrai tenuto
lui/lei	ha tenuto	aveva tenuto	ebbe tenuto	avrà tenuto
noi	abbiamo tenuto	avevamo tenuto	avemmo tenuto	avremo tenuto
voi	avete tenuto	avevate tenuto	aveste tenuto	avrete tenuto
loro	hanno tenuto	avevano tenuto	ebbero tenuto	avranno tenuto

● Congiuntivo

	presente	imperfetto	passato	trapassato
io	tenga	tenessi	abbia tenuto	avessi tenuto
tu	tenga	tenessi	abbia tenuto	avessi tenuto
lui/lei	tenga	tenesse	abbia tenuto	avesse tenuto
noi	teniamo	tenessimo	abbiamo tenuto	avessimo tenuto
voi	teniate	teneste	abbiate tenuto	aveste tenuto
loro	tengano	tenessero	abbiano tenuto	avessero tenuto

● Condizionale

	semplice	composto
io	terrei	avrei tenuto
tu	terresti	avresti tenuto
lui/lei	terrebbe	avrebbe tenuto
noi	terremmo	avremmo tenuto
voi	terreste	avreste tenuto
loro	terrebbero	avrebbero tenuto

● Imperativo

	presente
io	—
tu	tieni
lui/lei	tenga
noi	teniamo
voi	tenete
loro	tengano

note a pagina 142

● Gerundio

semplice
tenendo

composto
avendo tenuto

● Participio

presente
tenente

passato
tenuto

● Infinito

presente
tenere

passato
avere tenuto

to remove · enlever · wegnehmen · quitar · tirar

togliere

● Indicativo

presente	imperfetto	passato remoto	futuro semplice	
tolgo	toglievo	tolsi	toglierò	io
togli	toglievi	togliesti	toglierai	tu
toglie	toglieva	tolse	toglierà	lui/lei
togliamo	toglievamo	togliemmo	toglieremo	noi
togliete	toglievate	toglieste	toglierete	voi
tolgono	toglievano	tolsero	toglieranno	loro

passato prossimo	trapassato prossimo	trapassato remoto	futuro anteriore	
ho tolto	avevo tolto	ebbi tolto	avrò tolto	io
hai tolto	avevi tolto	avesti tolto	avrai tolto	tu
ha tolto	aveva tolto	ebbe tolto	avrà tolto	lui/lei
abbiamo tolto	avevamo tolto	avemmo tolto	avremo tolto	noi
avete tolto	avevate tolto	aveste tolto	avrete tolto	voi
hanno tolto	avevano tolto	ebbero tolto	avranno tolto	loro

● Congiuntivo

presente	imperfetto	passato	trapassato	
tolga	togliessi	abbia tolto	avessi tolto	io
tolga	togliessi	abbia tolto	avessi tolto	tu
tolga	togliesse	abbia tolto	avesse tolto	lui/lei
togliamo	togliessimo	abbiamo tolto	avessimo tolto	noi
togliate	toglieste	abbiate tolto	aveste tolto	voi
tolgano	togliessero	abbiano tolto	avessero tolto	loro

note a pagina 142

● Imperativo   ● Condizionale

presente	semplice	composto	
—	toglierei	avrei tolto	io
togli	toglieresti	avresti tolto	tu
tolga	toglierebbe	avrebbe tolto	lui/lei
togliamo	toglieremmo	avremmo tolto	noi
togliete	togliereste	avreste tolto	voi
tolgano	toglierebbero	avrebbero tolto	loro

● Infinito   ● Participio   ● Gerundio

presente	presente	semplice
togliere	togliente	togliendo
passato	passato	composto
avere tolto	tolto	avendo tolto

95

tradurre

● Indicativo

	presente	imperfetto	passato remoto	futuro semplice
io	traduco	traducevo	tradussi	tradurrò
tu	traduci	traducevi	traducesti	tradurrai
lui/lei	traduce	traduceva	tradusse	tradurrà
noi	traduciamo	traducevamo	traducemmo	tradurremo
voi	traducete	traducevate	traduceste	tradurrete
loro	traducono	traducevano	tradussero	tradurranno

	passato prossimo	trapassato prossimo	trapassato remoto	futuro anteriore
io	ho tradotto	avevo tradotto	ebbi tradotto	avrò tradotto
tu	hai tradotto	avevi tradotto	avesti tradotto	avrai tradotto
lui/lei	ha tradotto	aveva tradotto	ebbe tradotto	avrà tradotto
noi	abbiamo tradotto	avevamo tradotto	avemmo tradotto	avremo tradotto
voi	avete tradotto	avevate tradotto	aveste tradotto	avrete tradotto
loro	hanno tradotto	avevano tradotto	ebbero tradotto	avranno tradotto

● Congiuntivo

	presente	imperfetto	passato	trapassato
io	traduca	traducessi	abbia tradotto	avessi tradotto
tu	traduca	traducessi	abbia tradotto	avessi tradotto
lui/lei	traduca	traducesse	abbia tradotto	avesse tradotto
noi	traduciamo	traducessimo	abbiamo tradotto	avessimo tradotto
voi	traduciate	traduceste	abbiate tradotto	aveste tradotto
loro	traducano	traducessero	abbiano tradotto	avessero tradotto

● Condizionale

	semplice	composto
io	tradurrei	avrei tradotto
tu	tradurresti	avresti tradotto
lui/lei	tradurrebbe	avrebbe tradotto
noi	tradurremmo	avremmo tradotto
voi	tradurreste	avreste tradotto
loro	tradurrebbero	avrebbero tradotto

● Imperativo

	presente
io	—
tu	traduci
lui/lei	traduca
noi	traduciamo
voi	traducete
loro	traducano

note a pagina 142

● Gerundio

semplice
traducendo

composto
avendo tradotto

● Participio

presente
traducente

passato
tradotto

● Infinito

presente
tradurre

passato
avere tradotto

to pull · tirer · ziehen · sacar · extrair

trarre

● Indicativo

presente	imperfetto	passato remoto	futuro semplice	
traggo	traevo	trassi	trarrò	io
trai	traevi	traesti	trarrai	tu
trae	traeva	trasse	trarrà	lui/lei
traiamo	traevamo	traemmo	trarremo	noi
traete	traevate	traeste	trarrete	voi
traggono	traevano	trassero	trarranno	loro

passato prossimo	trapassato prossimo	trapassato remoto	futuro anteriore	
ho tratto	avevo tratto	ebbi tratto	avrò tratto	io
hai tratto	avevi tratto	avesti tratto	avrai tratto	tu
ha tratto	aveva tratto	ebbe tratto	avrà tratto	lui/lei
abbiamo tratto	avevamo tratto	avemmo tratto	avremo tratto	noi
avete tratto	avevate tratto	aveste tratto	avrete tratto	voi
hanno tratto	avevano tratto	ebbero tratto	avranno tratto	loro

● Congiuntivo

presente	imperfetto	passato	trapassato	
tragga	traessi	abbia tratto	avessi tratto	io
tragga	traessi	abbia tratto	avessi tratto	tu
tragga	traesse	abbia tratto	avesse tratto	lui/lei
traiamo	traessimo	abbiamo tratto	avessimo tratto	noi
traiate	traeste	abbiate tratto	aveste tratto	voi
traggano	traessero	abbiano tratto	avessero tratto	loro

note a pagina 142

● Imperativo

presente
—
trai
tragga
traiamo
traete
traggano

● Condizionale

semplice	composto	
trarrei	avrei tratto	io
trarresti	avresti tratto	tu
trarrebbe	avrebbe tratto	lui/lei
trarremmo	avremmo tratto	noi
trarreste	avreste tratto	voi
trarrebbero	avrebbero tratto	loro

● Infinito

presente
trarre

passato
avere tratto

● Participio

presente
traente

passato
tratto

● Gerundio

semplice
traendo

composto
avendo tratto

97

uscire

● Indicativo

	presente	imperfetto	passato remoto	futuro semplice
io	esco	uscivo	uscii	uscirò
tu	esci	uscivi	uscisti	uscirai
lui/lei	esce	usciva	uscì	uscirà
noi	usciamo	uscivamo	uscimmo	usciremo
voi	uscite	uscivate	usciste	uscirete
loro	escono	uscivano	uscirono	usciranno

	passato prossimo	trapassato prossimo	trapassato remoto	futuro anteriore
io	sono uscito/a	ero uscito/a	fui uscito/a	sarò uscito/a
tu	sei uscito/a	eri uscito/a	fosti uscito/a	sarai uscito/a
lui/lei	è uscito/a	era uscito/a	fu uscito/a	sarà uscito/a
noi	siamo usciti/e	eravamo usciti/e	fummo usciti/e	saremo usciti/e
voi	siete usciti/e	eravate usciti/e	foste usciti/e	sarete usciti/e
loro	sono usciti/e	erano usciti/e	furono usciti/e	saranno usciti/e

● Congiuntivo

	presente	imperfetto	passato	trapassato
io	esca	uscissi	sia uscito/a	fossi uscito/a
tu	esca	uscissi	sia uscito/a	fossi uscito/a
lui/lei	esca	uscisse	sia uscito/a	fosse uscito/a
noi	usciamo	uscissimo	siamo usciti/e	fossimo usciti/e
voi	usciate	usciste	siate usciti/e	foste usciti/e
loro	escano	uscissero	siano usciti/e	fossero usciti/e

● Condizionale

	semplice	composto
io	uscirei	sarei uscito/a
tu	usciresti	saresti uscito/a
lui/lei	uscirebbe	sarebbe uscito/a
noi	usciremmo	saremmo usciti/e
voi	uscireste	sareste usciti/e
loro	uscirebbero	sarebbero usciti/e

● Imperativo

	presente
io	—
tu	esci
lui/lei	esca
noi	usciamo
voi	uscite
loro	escano

note a pagina 143

● Gerundio

semplice
uscendo

composto
essendo uscito/a/i/e

● Participio

presente
uscente

passato
uscito/a/i/e

● Infinito

presente
uscire

passato
essere uscito/a/i/e

to be worth · valoir · gelten · valer · valer

valere

● Indicativo

presente	imperfetto	passato remoto	futuro semplice	
valgo	valevo	valsi	varrò	io
vali	valevi	valesti	varrai	tu
vale	valeva	valse	varrà	lui/lei
valiamo	valevamo	valemmo	varremo	noi
valete	valevate	valeste	varrete	voi
valgono	valevano	valsero	varranno	loro

passato prossimo	trapassato prossimo	trapassato remoto	futuro anteriore	
sono valso/a	ero valso/a	fui valso/a	sarò valso/a	io
sei valso/a	eri valso/a	fosti valso/a	sarai valso/a	tu
è valso/a	era valso/a	fu valso/a	sarà valso/a	lui/lei
siamo valsi/e	eravamo valsi/e	fummo valsi/e	saremo valsi/e	noi
siete valsi/e	eravate valsi/e	foste valsi/e	sarete valsi/e	voi
sono valsi/e	erano valsi/e	furono valsi/e	saranno valsi/e	loro

● Congiuntivo

presente	imperfetto	passato	trapassato	
valga	valessi	sia valso/a	fossi valso/a	io
valga	valessi	sia valso/a	fossi valso/a	tu
valga	valesse	sia valso/a	fosse valso/a	lui/lei
valiamo	valessimo	siamo valsi/e	fossimo valsi/e	noi
valiate	valeste	siate valsi/e	foste valsi/e	voi
valgano	valessero	siano valsi/e	fossero valsi/e	loro

note a pagina 143

● Imperativo

presente
—
vali
valga
valiamo
valete
valgano

● Condizionale

semplice	composto	
varrei	sarei valso/a	io
varresti	saresti valso/a	tu
varrebbe	sarebbe valso/a	lui/lei
varremmo	saremmo valsi/e	noi
varreste	sareste valsi/e	voi
varrebbero	sarebbero valsi/e	loro

● Infinito

presente
valere

passato
essere valso/a/i/e

● Participio

presente
valente

passato
valso/a/i/e

● Gerundio

semplice
valendo

composto
essendo valso/a/i/e

99

vedere

● Indicativo

	presente	imperfetto	passato remoto	futuro semplice
io	vedo	vedevo	vidi	vedrò
tu	vedi	vedevi	vedesti	vedrai
lui/lei	vede	vedeva	vide	vedrà
noi	vediamo	vedevamo	vedemmo	vedremo
voi	vedete	vedevate	vedeste	vedrete
loro	vedono	vedevano	videro	vedranno

	passato prossimo	trapassato prossimo	trapassato remoto	futuro anteriore
io	ho visto	avevo visto	ebbi visto	avrò visto
tu	hai visto	avevi visto	avesti visto	avrai visto
lui/lei	ha visto	aveva visto	ebbe visto	avrà visto
noi	abbiamo visto	avevamo visto	avemmo visto	avremo visto
voi	avete visto	avevate visto	aveste visto	avrete visto
loro	hanno visto	avevano visto	ebbero visto	avranno visto

● Congiuntivo

	presente	imperfetto	passato	trapassato
io	veda	vedessi	abbia visto	avessi visto
tu	veda	vedessi	abbia visto	avessi visto
lui/lei	veda	vedesse	abbia visto	avesse visto
noi	vediamo	vedessimo	abbiamo visto	avessimo visto
voi	vediate	vedeste	abbiate visto	aveste visto
loro	vedano	vedessero	abbiano visto	avessero visto

● Condizionale

	semplice	composto
io	vedrei	avrei visto
tu	vedresti	avresti visto
lui/lei	vedrebbe	avrebbe visto
noi	vedremmo	avremmo visto
voi	vedreste	avreste visto
loro	vedrebbero	avrebbero visto

● Imperativo

	presente
	—
tu	vedi
lui/lei	veda
noi	vediamo
voi	vedete
loro	vedano

note a pagina 143

● Gerundio

semplice
vedendo

composto
avendo visto

● Participio

presente
vedente

passato
visto

● Infinito

presente
vedere

passato
avere visto

100

to come · venir · kommen · venir · vir

venire

● Indicativo

presente	imperfetto	passato remoto	futuro semplice	
vengo	venivo	venni	verrò	io
vieni	venivi	venisti	verrai	tu
viene	veniva	venne	verrà	lui/lei
veniamo	venivamo	venimmo	verremo	noi
venite	venivate	veniste	verrete	voi
vengono	venivano	vennero	verranno	loro

passato prossimo	trapassato prossimo	trapassato remoto	futuro anteriore	
sono venuto/a	ero venuto/a	fui venuto/a	sarò venuto/a	io
sei venuto/a	eri venuto/a	fosti venuto/a	sarai venuto/a	tu
è venuto/a	era venuto/a	fu venuto/a	sarà venuto/a	lui/lei
siamo venuti/e	eravamo venuti/e	fummo venuti/e	saremo venuti/e	noi
siete venuti/e	eravate venuti/e	foste venuti/e	sarete venuti/e	voi
sono venuti/e	erano venuti/e	furono venuti/e	saranno venuti/e	loro

● Congiuntivo

presente	imperfetto	passato	trapassato	
venga	venissi	sia venuto/a	fossi venuto/a	io
venga	venissi	sia venuto/a	fossi venuto/a	tu
venga	venisse	sia venuto/a	fosse venuto/a	lui/lei
veniamo	venissimo	siamo venuti/e	fossimo venuti/e	noi
veniate	veniste	siate venuti/e	foste venuti/e	voi
vengano	venissero	siano venuti/e	fossero venuti/e	loro

● Imperativo   ● Condizionale

note a pagina 144

presente	semplice	composto	
—	verrei	sarei venuto/a	io
vieni	verresti	saresti venuto/a	tu
venga	verrebbe	sarebbe venuto/a	lui/lei
veniamo	verremmo	saremmo venuti/e	noi
venite	verreste	sareste venuti/e	voi
vengano	verrebbero	sarebbero venuti/e	loro

● Infinito   ● Participio   ● Gerundio

presente	presente	semplice
venire	veniente/venente	venendo

passato	passato	composto
essere venuto/a/i/e	venuto/a/i/e	essendo venuto/a/i/e

101

vincere

to win · gagner · siegen · ganar · vencer

● Indicativo

	presente	imperfetto	passato remoto	futuro semplice
io	vinco	vincevo	vinsi	vincerò
tu	vinci	vincevi	vincesti	vincerai
lui/lei	vince	vinceva	vinse	vincerà
noi	vinciamo	vincevamo	vincemmo	vinceremo
voi	vincete	vincevate	vinceste	vincerete
loro	vincono	vincevano	vinsero	vinceranno

	passato prossimo	trapassato prossimo	trapassato remoto	futuro anteriore
io	ho vinto	avevo vinto	ebbi vinto	avrò vinto
tu	hai vinto	avevi vinto	avesti vinto	avrai vinto
lui/lei	ha vinto	aveva vinto	ebbe vinto	avrà vinto
noi	abbiamo vinto	avevamo vinto	avemmo vinto	avremo vinto
voi	avete vinto	avevate vinto	aveste vinto	avrete vinto
loro	hanno vinto	avevano vinto	ebbero vinto	avranno vinto

● Congiuntivo

	presente	imperfetto	passato	trapassato
io	vinca	vincessi	abbia vinto	avessi vinto
tu	vinca	vincessi	abbia vinto	avessi vinto
lui/lei	vinca	vincesse	abbia vinto	avesse vinto
noi	vinciamo	vincessimo	abbiamo vinto	avessimo vinto
voi	vinciate	vinceste	abbiate vinto	aveste vinto
loro	vincano	vincessero	abbiano vinto	avessero vinto

● Condizionale

	semplice	composto
io	vincerei	avrei vinto
tu	vinceresti	avresti vinto
lui/lei	vincerebbe	avrebbe vinto
noi	vinceremmo	avremmo vinto
voi	vincereste	avreste vinto
loro	vincerebbero	avrebbero vinto

● Imperativo

note a pagina 144

	presente
io	—
tu	vinci
lui/lei	vinca
noi	vinciamo
voi	vincete
loro	vincano

● Gerundio

semplice
vincendo
composto
avendo vinto

● Participio

presente
vincente
passato
vinto

● Infinito

presente
vincere
passato
avere vinto

102

to live · vivre · leben · vivir · viver

vivere

● Indicativo

presente	imperfetto	passato remoto	futuro semplice	
vivo	vivevo	vissi	vivrò	io
vivi	vivevi	vivesti	vivrai	tu
vive	viveva	visse	vivrà	lui/lei
viviamo	vivevamo	vivemmo	vivremo	noi
vivete	vivevate	viveste	vivrete	voi
vivono	vivevano	vissero	vivranno	loro

passato prossimo	trapassato prossimo	trapassato remoto	futuro anteriore	
sono vissuto/a	ero vissuto/a	fui vissuto/a	sarò vissuto/a	io
sei vissuto/a	eri vissuto/a	fosti vissuto/a	sarai vissuto/a	tu
è vissuto/a	era vissuto/a	fu vissuto/a	sarà vissuto/a	lui/lei
siamo vissuti/e	eravamo vissuti/e	fummo vissuti/e	saremo vissuti/e	noi
siete vissuti/e	eravate vissuti/e	foste vissuti/e	sarete vissuti/e	voi
sono vissuti/e	erano vissuti/e	furono vissuti/e	saranno vissuti/e	loro

● Congiuntivo

presente	imperfetto	passato	trapassato	
viva	vivessi	sia vissuto/a	fossi vissuto/a	io
viva	vivessi	sia vissuto/a	fossi vissuto/a	tu
viva	vivesse	sia vissuto/a	fosse vissuto/a	lui/lei
viviamo	vivessimo	siamo vissuti/e	fossimo vissuti/e	noi
viviate	viveste	siate vissuti/e	foste vissuti/e	voi
vivano	vivessero	siano vissuti/e	fossero vissuti/e	loro

● Imperativo   ● Condizionale

note a pagina 144

presente	semplice	composto	
—	vivrei	sarei vissuto/a	io
vivi	vivresti	saresti vissuto/a	tu
viva	vivrebbe	sarebbe vissuto/a	lui/lei
viviamo	vivremmo	saremmo vissuti/e	noi
vivete	vivreste	sareste vissuti/e	voi
vivano	vivrebbero	sarebbero vissuti/e	loro

● Infinito   ● Participio   ● Gerundio

presente	presente	semplice
vivere	vivente	vivendo

passato	passato	composto
essere vissuto/a/i/e	vissuto/a/i/e	essendo vissuto/a/i/e

volere

to want · vouloir · wollen · querer · querer

● Indicativo

	presente	imperfetto	passato remoto	futuro semplice
io	voglio	volevo	volli	vorrò
tu	vuoi	volevi	volesti	vorrai
lui/lei	vuole	voleva	volle	vorrà
noi	vogliamo	volevamo	volemmo	vorremo
voi	volete	volevate	voleste	vorrete
loro	vogliono	volevano	vollero	vorranno

	passato prossimo	trapassato prossimo	trapassato remoto	futuro anteriore
io	ho voluto	avevo voluto	ebbi voluto	avrò voluto
tu	hai voluto	avevi voluto	avesti voluto	avrai voluto
lui/lei	ha voluto	aveva voluto	ebbe voluto	avrà voluto
noi	abbiamo voluto	avevamo voluto	avemmo voluto	avremo voluto
voi	avete voluto	avevate voluto	aveste voluto	avrete voluto
loro	hanno voluto	avevano voluto	ebbero voluto	avranno voluto

● Congiuntivo

	presente	imperfetto	passato	trapassato
io	voglia	volessi	abbia voluto	avessi voluto
tu	voglia	volessi	abbia voluto	avessi voluto
lui/lei	voglia	volesse	abbia voluto	avesse voluto
noi	vogliamo	volessimo	abbiamo voluto	avessimo voluto
voi	vogliate	voleste	abbiate voluto	aveste voluto
loro	vogliano	volessero	abbiano voluto	avessero voluto

● Condizionale

	semplice	composto
io	vorrei	avrei voluto
tu	vorresti	avresti voluto
lui/lei	vorrebbe	avrebbe voluto
noi	vorremmo	avremmo voluto
voi	vorreste	avreste voluto
loro	vorrebbero	avrebbero voluto

● Imperativo

	presente
io	—
tu	vogli
lui/lei	voglia
noi	vogliamo
voi	vogliate
loro	vogliano

note a pagina 144

● Gerundio

semplice
volendo

composto
avendo voluto

● Participio

presente
volente

passato
voluto

● Infinito

presente
volere

passato
avere voluto

to turn · tourner · wenden · girar · virar

volgere

● Indicativo

presente	imperfetto	passato remoto	futuro semplice	
volgo	volgevo	volsi	volgerò	io
volgi	volgevi	volgesti	volgerai	tu
volge	volgeva	volse	volgerà	lui/lei
volgiamo	volgevamo	volgemmo	volgeremo	noi
volgete	volgevate	volgeste	volgerete	voi
volgono	volgevano	volsero	volgeranno	loro

passato prossimo	trapassato prossimo	trapassato remoto	futuro anteriore	
ho volto	avevo volto	ebbi volto	avrò volto	io
hai volto	avevi volto	avesti volto	avrai volto	tu
ha volto	aveva volto	ebbe volto	avrà volto	lui/lei
abbiamo volto	avevamo volto	avemmo volto	avremo volto	noi
avete volto	avevate volto	aveste volto	avrete volto	voi
hanno volto	avevano volto	ebbero volto	avranno volto	loro

● Congiuntivo

presente	imperfetto	passato	trapassato	
volga	volgessi	abbia volto	avessi volto	io
volga	volgessi	abbia volto	avessi volto	tu
volga	volgesse	abbia volto	avesse volto	lui/lei
volgiamo	volgessimo	abbiamo volto	avessimo volto	noi
volgiate	volgeste	abbiate volto	aveste volto	voi
volgano	volgessero	abbiano volto	avessero volto	loro

● Imperativo   ● Condizionale

note a pagina 144

presente	semplice	composto	
—	volgerei	avrei volto	io
volgi	volgeresti	avresti volto	tu
volga	volgerebbe	avrebbe volto	lui/lei
volgiamo	volgeremmo	avremmo volto	noi
volgete	volgereste	avreste volto	voi
volgano	volgerebbero	avrebbero volto	loro

● Infinito   ● Participio   ● Gerundio

presente	presente	semplice
volgere	volgente	volgendo

passato	passato	composto
avere volto	volto	avendo volto

105

indice alfabetico dei verbi italiani

indice alfabetico dei verbi italiani

indice alfabetico dei verbi italiani

indice alfabetico dei verbi italiani

indice alfabetico dei verbi italiani

indice alfabetico dei verbi italiani

indice alfabetico dei verbi italiani

indice alfabetico dei verbi italiani

indice alfabetico dei verbi italiani

indice alfabetico dei verbi italiani

indice alfabetico dei verbi italiani

indice alfabetico dei verbi italiani

indice alfabetico dei verbi italiani

118

indice alfabetico dei verbi italiani

indice alfabetico dei verbi italiani

indice alfabetico dei verbi italiani

121

indice alfabetico dei verbi italiani

indice alfabetico dei verbi italiani

123

indice alfabetico dei verbi italiani

indice alfabetico dei verbi italiani

125

indice alfabetico dei verbi italiani

indice alfabetico dei verbi italiani

note

verbi ausiliari

essere

(intr., *sono stato/a*)

È usato come verbo ausiliare nei **tempi composti del modo indicativo** (passato prossimo, trapassato prossimo, trapassato remoto e futuro anteriore), del **modo congiuntivo** (passato e trapassato), **condizionale** (composto) e **gerundio** (composto) di moltissimi verbi intransitivi e di alcuni verbi transitivi/intransitivi. Forme irregolari: tutti i tempi e i modi della sua coniugazione.

verbi come essere

Riessere (intr., *sono ristato/a*): nella forma del passato remoto, la 3ª persona singolare prende l'accento (*rifù*).

avere

(tr., *ho avuto*)

È usato come verbo ausiliare nei **tempi composti del modo indicativo** (passato prossimo, trapassato prossimo, trapassato remoto e futuro anteriore), del **modo congiuntivo** (passato e trapassato), **condizionale** (composto) e **gerundio** (composto) dei verbi transitivi e di alcuni verbi intransitivi. Forme irregolari: presente (*ho, hai, ha...*), passato remoto (*ebbi, avesti, ebbe...*), futuro indicativo (*avrò, avrai, avrà...*); congiuntivo presente (*io abbia*); condizionale semplice (*avrei*); imperativo (*abbi, abbia...*). Gli altri tempi e modi seguono le forme regolari della 2ª coniugazione.

verbi come avere

Riavere (tr., *ho riavuto*): la 1ª e la 3ª persona singolare del presente indicativo sono accentate e non hanno la **h** (*riò - rià*). La 2ª persona singolare non ha la **h** (*riai*).

verbi in -are (1ª coniugazione)

verbi regolari

Modello **parlare** (tr./intr., *ho parlato*). Molti sostantivi astratti femminili derivano dal participio passato dei verbi di questa coniugazione (*entrare = entrata; durare = durata...*). Tutti i nuovi verbi italiani appartengono alla 1ª coniugazione (es. *faxare, ciattare, cliccare*, ecc.).

particolarità fonetiche

• I verbi in **-care** e in **-gare** conservano sempre la pronuncia che hanno all'infinito, ma hanno una **h** davanti alle desinenze che cominciano con **e** ed **i** (*giochiamo - spieghiamo*). Vedi: **giocare** (p.15), **spiegare** (p.20).

• I verbi in **-ciare** e in **-giare** conservano sempre la pronuncia che hanno all'infinito e conservano la **i** della radice davanti alle desinenze che cominciano con **a** ed **o** (*bacia - mangia*); nel futuro e nel condizionale la **i** scompare davanti alle desinenze **-erò, -erai**, ecc. e **-erei, -eresti**, ecc. (*bacerò - mangerò, bacerei - mangerei*). Vedi: **baciare** (p.12), **cominciare** (p.14), **lasciare** (p.17), **mangiare** (p.18), **viaggiare** (p.21).

• I verbi in **-iare con la i non accentata**, la perdono davanti alle desinenze che cominciano con **i** (*cambi, cambiamo...*). Vedi: **cambiare** (p.13).

• I verbi in **-iare con la i accentata** conservano la **i** durante tutta la coniugazione, ma la perdono davanti alle desinenze: **-iamo** del presente indicativo e dell'imperativo, **-iamo, -iate** del presente congiuntivo (*inviamo, inviate*). Vedi: **inviare** (p.16).

• I verbi in **-gnare** conservano la **i** della desinenza **-iamo** (*sogniamo*). Vedi: **sognare** (p.19).

128

note

verbi irregolari

La 1ª coniugazione ha quattro verbi irregolari: **andare** (p.23), **dare** (p.40), **fare** (p.54), **stare** (p.91).

verbi in -ere (2ª coniugazione)

verbi regolari

Modello **credere** (tr., *ho creduto*).
Il passato remoto di questi verbi può terminare in **-ei** oppure in **-etti**. Molti verbi utilizzano entrambe le forme (*credei/credetti*).

particolarità di alcuni verbi in -ere

• Non hanno il participio passato: **competere** (intr.), **concernere** (tr.), **dirimere** (tr.), **divergere** (intr.), **esimere** (tr.), **fervere** (intr.), **incombere** (intr.), **prudere** (intr.), **rilucere** (intr.), **tangere** (tr.), **urgere** (intr.), **vertere** (intr.), **vigere** (intr.).
• Raro il participio passato di: **convergere** (intr.), **delinquere** (intr.), **discernere** (tr.), **pendere** (intr.), **risplendere** (intr.), **soccombere** (intr.), **splendere** (intr.), **stridere** (intr.).

particolarità fonetiche

• I verbi in **-cere** e in **-gere** conservano la pronuncia che hanno all'infinito con la **c** e la **g** "morbide", davanti alle desinenze che cominciano con **e** ed **i** (*vince* - *piange*), mentre hanno la pronuncia con la **c** e la **g** "dure" davanti alle desinenze che cominciano con **a** ed **o** (*vinco* - *piango*). Vedi anche i verbi in **-scere** (*conosce* - *cresce*, *conosco* - *cresco*).
• I verbi in **-gnere** conservano la i della desinenza **-iamo** (*spegniamo*). Vedi: **spegnere** (pag.89).

• I verbi con il dittongo **uo** e **ie** in alcune forme devono ridurre **uo** in **o** ed **ie** in **e** (*nuoce*, *nocque* e *siede*, *sedette*). Vedi: **cuocere** (p.39), **muovere** (p.61), **nuocere** (p.63), **scuotere** (p.85), **sedere/-rsi** (p.86).

verbi irregolari

I verbi della 2ª coniugazione sono quasi tutti irregolari. Tra questi, i verbi modali o servili: **dovere** (p.48), **potere** (p.71), **volere** (p.104).

verbi in -ire (3ª coniugazione)

verbi regolari

Modello **sentire** (tr., *sento, ho sentito*) e **capire** (tr., *capisco, ho capito*).

particolarità di alcuni verbi in -ire

Hanno il **participio presente in -iente**: **disubbidire** (intr., *disubbidisco, ho disubbidito - disubbidiente*); **dormire** (tr./intr., *dormo, ho dormito - dormiente*); **esaurire** (tr., *esaurisco, ho esaurito - esauriente*); **partorire** (tr., *partorisco, ho partorito - partoriente*); **ubbidire** (intr., *ubbidisco, ho ubbidito - ubbidiente*).
I verbi irregolari **salire** e **venire** hanno due forme (*saliente/salente* e *veniente/venente*).
Il verbo **inerire** viene usato prevalentemente al participio presente *inerente*.

particolarità fonetiche

• Nei verbi in **-cire**, **-gire**, la pronuncia è "morbida" davanti alle desinenze in **-e**, **-i** (*fugge*); "dura" davanti alle desinenze in **-a**, **-o** (*fuggo*). Vedi anche: **uscire** (*esce*, *esco*).
• Il verbo **cucire** (tr., *ho cucito*) conserva la **i** davanti alle desinenze in **-o** e in **-a** e

note

la pronuncia della **c** rimane "morbida" (*cucio, cuciamo*). Vedi anche: **scucire**.

verbi irregolari

Nella terza coniugazione ci sono pochi verbi irregolari. Tra questi, i più usati sono: **aprire** (p.25), **dire** (p.43), **salire** (p.80), **uscire** (p.98), **venire** (p.101).

verbi irregolari

accendere

(tr., *ho acceso*)
Coniugazione simile a quella del verbo **prendere** (p.72). Forme irregolari: passato remoto (*accesi*), participio passato (*acceso*). Raro il participio presente.

andare

(intr., *sono andato/a*)
Forme irregolari e particolari: presente indicativo e congiuntivo (*vado, vada*), imperativo (*va'/vai*); futuro e condizionale con forme contratte (*andrò, andrei*).

Quando l'imperativo *va'* si unisce ad un pronome, questo raddoppia la consonante iniziale (*va' + ci = vacci, va' + lo = vallo*). In Toscana si usa la forma *io vo* invece della forma *io vado*.

verbi come andare

Riandare (intr., *sono riandato/a*): la 3ª persona singolare del presente indicativo ha l'accento (*rivà*).

apparire

(intr., *sono apparso/a*)
Forme irregolari: passato remoto (*apparvi*), participio passato (*sono apparso/a*). Poco usate le forme: *apparisco* del presente indicativo e *apparii/apparsi* del passato remoto.

verbi come apparire

Comparire (intr., *sono comparso/a*), **riapparire** (intr., *sono riapparso/a*), **scomparire** (intr., *sono scomparso/a*).

Trasparire (intr., *sono trasparito/a, trasparso/a*): presente e participio passato con due forme (*trasparisco/traspaio* e *trasparito/trasparso*), passato remoto frequentemente regolare (*trasparii*).
Il verbo è usato prevalentemente alla 3ª persona.

Parere (intr., *sono parso/a*): il passato remoto ha solamente le forme irregolari *parvi, parve, parvero*.
Sparire (intr., *sono sparito/a*): è un verbo regolare della 3ª coniugazione (verbi in *-isco*: vedi *capire*, p.11).

aprire

(tr., *ho aperto*)
Forme irregolari: participio passato (*aperto*). Gli altri tempi e modi seguono le forme regolari della 3ª coniugazione.

verbi come aprire

Coprire (tr., *ho coperto*), **riaprire** (tr., *ho riaperto*), **scoprire** (tr., *ho scoperto*).

assistere

(tr./intr., *ho assistito*)
Forme irregolari: participio passato (*assistito*). Il passato remoto ha le forme *assistei/assistetti*.
L'uso transitivo o intransitivo indica una differenza di significato: "ho assistito mia sorella malata", "ho assistito ad uno spettacolo".

verbi come assistere

Consistere (intr., *sono consistito/a*), **insistere** (intr., *ho insistito*), **persistere** (intr., *ho persistito*), **resistere** (intr., *ho resistito*), **sussistere** (intr., *sono sussistito/a*).

note

assumere

(tr., *ho assunto*)

Forme irregolari: passato remoto (*assunsi*), participio passato (*assunto*). Il verbo è usato nel significato di "prendere su di sé", ma anche di "dare un lavoro stabile". Vedi anche i verbi: **redimere** (tr., *ho redento*); **riassumere** (tr., *ho riassunto*).

bere

(tr., *ho bevuto*)

Forme irregolari: passato remoto (*bevvi*), futuro (*berrò*), condizionale (*berrei*), infinito (*bere*). Gli altri tempi e modi seguono le forme derivanti dal verbo latino "bibere". Il passato remoto ha anche le forme meno usate *bevetti, bevette, bevettero*.

verbi come bere

Imbevere (tr., *ho imbevuto*): l'infinito segue la forma derivante dal verbo latino "bibere"; le altre forme, invece, seguono la coniugazione di *bere*.

cadere

(intr., *sono caduto/a*)

Forme irregolari: passato remoto (*caddi*), futuro (*cadrò*) e condizionale (*cadrei*).

verbi come cadere

Accadere (intr. e impersonale, *è accaduto/a*): participio presente non usato; **ricadere** (intr., *sono ricaduto/a*).

Scadere (intr., *è scaduto/a*): usato normalmente alla 3ª persona.
Godere (intr., *ho goduto*): passato remoto regolare (*godetti*).

chiedere

(tr., *ho chiesto*)

Forma irregolare e particolare: participio passato in **-sto** (*chiesto*).

verbi come chiedere

Richiedere (tr., *ho richiesto*).

chiudere

(tr., *ho chiuso*)

Coniugazione simile a quella del verbo irregolare **ridere** (p.73). Forme irregolari: passato remoto (*chiusi*), participio passato (*chiuso*). Gli altri tempi e modi seguono le forme regolari della 2ª coniugazione.

verbi come chiudere

Richiudere (tr., *ho richiuso*); **rinchiudere** (tr., *ho rinchiuso*); **schiudere** (tr., *ho schiuso*).

compiere

(tr., *ho compiuto*)

Forme irregolari: presente (*compi, compiamo, compite*), imperfetto (*compivo*), passato remoto (*compii*), futuro (*compirò*) dell'indicativo; presente (*compiamo, compiate*) e imperfetto (*compissi*) del congiuntivo; imperativo (*compi, compiamo, compite*). Gli altri tempi e modi seguono le forme regolari della 2ª coniugazione.

concedere

(tr., *ho concesso*)

Forme irregolari: passato remoto (*concessi*) e participio passato (*concesso*). Il passato remoto ha anche le forme regolari (*concedei/concedetti*). Gli altri tempi e modi seguono le forme regolari della 2ª coniugazione.

verbi come concedere

Retrocedere (tr/intr., *ho retrocesso/retroceduto* e *sono retrocesso/a, retroceduto/a*): il passato remoto e il participio passato hanno la forma regolare (*retrocedei, retroceduto*) e anche quella irregolare (*retrocessi, retrocesso*).

note

Succedere (intr. e impersonale, *sono suc-ceduto/a* e *successo/a*): il verbo è intransitivo e regolare nel significato di "venire dopo, prendere il posto di, subentrare a"; è impersonale e con forme irregolari nel significato di "accadere".

concludere

(tr., *ho concluso*)

Forme irregolari: passato remoto (*con-clusi*) e participio passato (*concluso*).
Gli altri tempi e modi seguono le forme regolari della 2ª coniugazione.

verbi come concludere

Accludere (tr., *ho accluso*); **escludere** (tr., *ho escluso*); **includere** (tr., *ho incluso*); **precludere** (tr., *ho precluso*); **recludere** (tr., *ho recluso*).

connettere

(tr., *ho connesso*)

Forme irregolari: participio passato (*connesso*). Raro il participio presente. Nell'informatica si usa prevalentemente la forma riflessiva **connettersi**; la forma *connettere* può avere anche il significato di "ragionare".

verbi come connettere

Annettere (tr., *ho annesso*): il passato remoto ha anche la forma irregolare (*annessi*), poco usata.

conoscere

(tr., *ho conosciuto*)

Coniugazione simile a quella del verbo irregolare **crescere** (p.38). Forme irregolari: passato remoto (*conobbi*). Particolarità fonetiche: vedi note p.129.

verbi come conoscere

Riconoscere (tr., *ho riconosciuto*).

correre

(tr./intr., *ho corso, sono corso/a*)
Forme irregolari: passato remoto (*corsi*) e participio passato (*corso*). L'uso transitivo o intransitivo del verbo indica una differenza di significato: "ho corso un rischio", "sono corso a casa".

verbi come correre

Decorrere (intr., *è decorso/a*) e **intercorrere** (intr., *è intercorso/a*): sono usati solo alla 3ª persona e riferiti al passare del tempo, "è intercorsa una settimana".

Discorrere (intr., *ho discorso*): usato nel significato di "parlare".

Occorrere (intr., *è occorso/a*) è usato spesso nella forma impersonale: "occorre fare questa cosa".

Scorrere (tr./intr., *ho scorso, è scorso/a*) e **trascorrere** (tr./intr., *ho trascorso, è trascorso/a*): come intransitivi sono usati spesso alla 3ª persona.

crescere

(tr./intr., *ho cresciuto qualcuno, sono cresciuto/a*)
La coniugazione e le particolarità fonetiche sono simili a quelle di **conoscere** (p.36).
L'uso transitivo o intransitivo del verbo indica una differenza di significato: "ho cresciuto mio nipote fino alla giovinezza", "sono cresciuto/a a Roma". L'uso intransitivo è più frequente.

verbi come crescere

Accrescere (tr./intr., *ho accresciuto, è accresciuto/a*): come intransitivo, usato spesso alla 3ª persona; **decrescere** (intr., *è decresciuto/a*): usato prevalentemente alla 3ª persona.

Rincrescere (intr., *è rincresciuto*): usato alla 3ª persona singolare, "Mi rincresce!".

cuocere

(tr., *ho cotto*)
In alcune forme riduce obbligatoriamente il dittongo **uo** in **o** (*cossi, cocente, cotto*); in altre forme può avere la riduzione in **o** (*cuocemmo/cocemmo*). Vedi anche: *muovere, nuocere, scuotere*.

verbi come cuocere

Scuocere (tr., *ho scotto*): è più frequente il riflessivo **scuocersi** usato alla 3ª persona, "La pasta si è scotta!".

dare

(tr., *ho dato*)
Il passato remoto ha due forme (*diedi/detti*), usate entrambe. Quando l'imperativo *da'* si unisce ad un pronome, questo raddoppia la consonante iniziale (*da'* + **lo** = *dallo, da'* + **mi** + lo = *dammelo, da'* + **ci** = *dacci*).

verbi come dare

Ridare (tr., *ho ridato*): la 1ª persona singolare del presente indicativo è accentata (*ridò*).

decidere

(intr., *ho deciso*)
Coniugazione simile a quella del verbo **ridere** (p.73). Forme irregolari: passato remoto (*decisi*) e participio passato (*deciso*). Gli altri tempi e modi seguono le forme regolari della 2ª coniugazione.

dipingere

(tr., *ho dipinto*)
Coniugazione e particolarità fonetiche simili a quelle del verbo irregolare **spingere** (p.90). Forme irregolari: passato remoto (*dipinsi*), participio passato (*dipinto*). Gli altri tempi e modi seguono le forme regolari della 2ª coniugazione.

verbi come dipingere

Intingere (tr., *ho intinto*); **ritingere** (tr., *ho ritinto*); **stingere** (tr./intr., *ho stinto, sono stinto/a*); **tingere** (tr., *ho tinto*).

dire

(tr., *ho detto*)
Questo verbo irregolare segue le forme derivanti dal verbo latino "dicere". Quando l'imperativo *di'* si unisce ad un pronome, questo raddoppia la consonante iniziale (*di'* + **lo** = *dillo, di'* + **mi** + lo = *dimmelo, di'* + **ci** = *dicci*).

verbi come dire

La 2ª persona singolare dell'imperativo dei verbi composti è regolare: **benedire** (tr., *ho benedetto*): *benedici*; **contraddire** (tr., *ho contraddetto*): *contraddici*; **disdire** (tr., *ho disdetto*): *disdici*; **indire** (tr., *ho indetto*): *indici*; **interdire** (tr., *ho interdetto*): *interdici*; **maledire** (tr., *ho maledetto*): *maledici*; **predire** (tr., *ho predetto*): *predici*; **stramaledire** (tr., *ho stramaledetto*): *stramaledici*.

dirigere

(tr., *ho diretto*)
Forme irregolari: passato remoto (*diressi*) e participio passato (*diretto*). Gli altri tempi e modi seguono le forme regolari della 2ª coniugazione. Particolarità fonetiche: vedi note p.129.

verbi come dirigere

Erigere (tr., *ho eretto*).

discutere

(tr./intr., *ho discusso*)
Forme irregolari: passato remoto (*discussi*) e participio passato (*discusso*). Gli altri tempi e modi seguono le forme regolari della 2ª coniugazione.

note

verbi come discutere

Incutere (tr., *ho incusso*).

distinguere

(tr., *ho distinto*)
Forme irregolari: passato remoto (*distinsi*) e participio passato (*distinto*). Gli altri tempi e modi seguono le forme regolari della 2ª coniugazione.

verbi come distinguere

Estinguere (tr., *ho estinto*): usata frequentemente la forma riflessiva **estinguersi**.

distruggere

(tr., *ho distrutto*)
Forme irregolari: passato remoto (*distrussi*) e participio passato (*distrutto*). Gli altri tempi e modi seguono le forme regolari della 2ª coniugazione. Particolarità fonetiche: vedi note p.129.

dolere/-rsi

(intr., *è doluto/a, mi sono doluto/a*)
Coniugazione simile a quella del verbo **valere** (p.99). Il verbo ha il dittongo **uo** in alcune forme (*duòle*) e il participio passato regolare (*doluto/a*). È usato normalmente alla 3ª persona.
La forma riflessiva **dolersi** ha il significato di "pentirsi" (es. *mi dolgo dei miei errori*).

dovere

(tr., *ho dovuto*)
Il presente indicativo e congiuntivo, il passato remoto hanno due forme (*devo/debbo, debba/deva, dovei/dovetti*); poco usata la seconda forma del presente congiuntivo.
Quando accompagna l'infinito di un verbo con ausiliare *essere* (es. *devo andare*), prende l'ausiliare *essere* (*sono dovuto/a andare*), ma è accettato anche l'uso dell'ausiliare *avere* (*ho dovuto andare*).

emergere

(intr., *sono emerso/a*)
Forme irregolari: passato remoto (*emersi*) e participio passato (*emerso/a*).
Gli altri tempi e modi seguono le forme regolari della 2ª coniugazione. Particolarità fonetiche: vedi note p.129.

verbi come emergere

Detergere (tr., *ho deterso*); **divergere** (intr.): non ha il participio passato; **immergere** (tr., *ho immerso*); **sommergere** (tr., *ho sommerso*).

esigere

(tr., *ho esatto*, usato solo nel linguaggio burocratico)
Passato remoto regolare (*esigei/esigetti*) e participio passato in *-atto*.
Vedi anche i verbi: **redigere** (tr., *ho redatto*): passato remoto *redassi*; **transigere** (tr., *ho transatto*): usati raramente participio passato e tempi composti.

espellere

(tr., *ho espulso*)
Forme irregolari: passato remoto (*espulsi*) e participio passato (*espulso*). Gli altri tempi e modi seguono le forme regolari della 2ª coniugazione.

verbi come espellere

Divellere (tr., *ho divelto*): passato remoto e participio passato con forme particolari (*divelsi, divelto*).

Eccellere (intr., *ho eccelso, sono eccelso/a*, raro): passato remoto e participio passato con forme particolari (*eccelsi, eccelso*).

note

esprimere

(tr., *ho espresso*)
Forme irregolari: passato remoto (*espressi*) e participio passato (*espresso*). Gli altri tempi e modi seguono le forme regolari della 2ª coniugazione.

verbi come esprimere

Comprimere (tr., *ho compresso*); **imprimere** (tr., *ho impresso*); **opprimere** (tr., *ho oppresso*); **sopprimere** (tr., *ho soppresso*).

evadere

(tr./intr., *ho evaso, sono evaso/a*)
Coniugazione simile a quella del verbo **ridere** (p.73). L'uso transitivo o intransitivo indica una differenza di significato: "non pagare le tasse", "scappare dalla prigione". L'uso intransitivo è più frequente.

verbi come evadere

Invadere (tr., *ho invaso*).

fare

(tr., *ho fatto*)
Alcune forme di questo verbo irregolare derivano dal verbo latino "facere".
L'imperativo *fa'* raddoppia la consonante iniziale del pronome che lo segue (*fallo*). In alcune regioni esiste ancora la forma *io fo* nel presente indicativo.

verbi come fare

Assuefare (tr., *ho assuefatto*): più frequente la forma riflessiva **assuefarsi**. La 3ª persona singolare del presente indicativo prende l'accento (*assuefà*). L'imperativo non provoca il raddoppiamento se l'accento tonico è sulla **e** (*assuéfati*).

Contraffare (tr., *ho contraffatto*): la 3ª persona singolare del presente indicativo prende l'accento (*contraffà*). L'imperativo della 2ª persona singolare raddoppia la consonante iniziale del pronome che lo segue (*contraffallo*)

Disfare (tr., *ho disfatto*): possiede una coniugazione regolare e una irregolare. Quando è coniugato come gli altri verbi composti di *fare*, ha l'accento nella 3ª persona singolare del presente indicativo (*disfà*) e l'imperativo della 2ª persona singolare raddoppia la consonante iniziale del pronome che lo segue (*disfallo*).

Liquefare (tr., *ho liquefatto*), **rarefare** (tr., *ho rarefatto*), **rifare** (tr., *ho rifatto*): la 3ª persona singolare del presente indicativo prende l'accento (*liquefà, rarefà, rifà*). L'imperativo della 2ª persona singolare raddoppia la consonante iniziale del pronome che lo segue (*liquefallo, rarefallo, rifallo*).

Soddisfare (tr., *ho soddisfatto*): possiede una coniugazione regolare e una irregolare. Quando è coniugato come gli altri verbi composti di *fare*, ha l'accento nella 3ª persona singolare del presente indicativo (*soddisfà*) e nell'imperativo raddoppia la consonante iniziale del pronome che lo segue (*soddisfallo*, usato raramente).

Sopraffare (tr., *ho sopraffatto*), **strafare** (tr., *ho strafatto*), **stupefare** (tr., *ho stupefatto*): la 3ª persona singlare del presente indicativo prende l'accento (*sopraffà, strafà, stupefà*).
L'imperativo della 2ª persona singolare raddoppia la consonante iniziale del pronome che lo segue (*sopraffallo, strafallo, stupefallo*).

fondere

(tr., *ho fuso*)
Forme irregolari: passato remoto (*fusi*), participio passato (*fuso*). Gli altri tempi e modi seguono le forme regolari della 2ª coniugazione.

note

verbi come fondere

Confondere (tr., *ho confuso*); **infondere** (tr., *ho infuso*); **trasfondere** (tr., *ho trasfuso*).

friggere

(tr., *ho fritto*)
Coniugazione e particolarità fonetiche simili a quelle del verbo **leggere** (p.58). Forme irregolari: passato remoto (*frissi*), participio passato (*fritto*).

verbi come friggere

Affliggere (tr., *ho afflitto*); **infliggere** (tr., *ho inflitto*); **sconfiggere** (tr., *ho sconfitto*); **trafiggere** (tr., *ho trafitto*). I verbi **affiggere** (tr., *ho affisso*), **crocifiggere** (tr., *ho crocifisso*), **infiggere** (tr., *ho infisso*), **prefiggere** (tr., *ho prefisso*), hanno la forma particolare in **-isso** nel participio passato.

giungere

(intr., *sono giunto/a*)
Forme irregolari: passato remoto (*giunsi*), participio passato (*giunto*). Gli altri tempi e modi seguono le forme regolari della 2ª coniugazione. Particolarità fonetiche: vedi note p.129.

verbi come giungere

Aggiungere (tr., *ho aggiunto*); **congiungere** (tr., *ho congiunto*); **disgiungere** (tr., *ho disgiunto*); **ingiungere** (intr., *ho ingiunto*); **raggiungere** (tr., *ho raggiunto*); **soggiungere** (tr., *ho soggiunto*); **sopraggiungere** (intr., *sono sopraggiunto/a*).

leggere

(tr., *ho letto*)
Forme irregolari: passato remoto (*lessi*), participio passato (*letto*). Gli altri tempi e modi seguono le forme regolari della 2ª coniugazione. Particolarità fonetiche: vedi note p.129.

verbi come leggere

Eleggere (tr., *ho eletto*); **rieleggere** (tr., *ho rieletto*); **rileggere** (tr., *ho riletto*). **Reggere** (tr., *ho retto*); **correggere** (tr., *ho corretto*); **sorreggere** (tr., *ho sorretto*). **Proteggere** (tr., *ho protetto*).

mettere

(tr., *ho messo*)
Forme irregolari: passato remoto (*misi*) e participio passato (*messo*). Gli altri tempi e modi seguono le forme regolari della 2ª coniugazione.

verbi come mettere

Ammettere (tr., *ho ammesso*); **commettere** (tr., *ho commesso*); **dimettere/-rsi** (tr., *ho dimesso/mi sono dimesso/a*); **emettere** (tr., *ho emesso*); **estromettere** (tr., *ho estromesso*); **immettere** (tr., *ho immesso*); **omettere** (tr., *ho omesso*); **intromettere/-rsi** (tr., *ho intromesso/mi sono intromesso/a*); **promettere** (tr., *ho promesso*); **scommettere** (tr., *ho scommesso*); **trasmettere** (tr., *ho trasmesso*).

morire

(intr., *sono morto/a*)
Forme irregolari: presente indicativo e congiuntivo (*muoio, muoia*), participio passato (*morto/a*); il futuro ha anche la forma contratta (*morrò*), poco usata.

muovere

(tr., *ho mosso*)
In alcune forme riduce obbligatoriamente il dittongo **uo** in **o** (*ho mosso*); in altre forme può avere la riduzione in **o** (*muovemmo/movemmo*). Vedi anche: *cuocere, nuocere, scuotere*.

verbi come muovere

Commuovere (tr., *ho commosso*); **rimuovere** (tr., *ho rimosso*); **smuovere** (tr., *ho smosso*).

nascere

(intr., *sono nato/a*)
Forme irregolari: passato remoto (*nacqui*) e participio passato (*nato/a*). Gli altri tempi e modi seguono le forme regolari della 2ª coniugazione. Particolarità fonetiche: vedi note p.129.

verbi come nascere

Rinascere (intr., *sono rinato/a*).

nuocere

(intr., *ho nuociuto*)
In alcune forme riduce obbligatoriamente il dittongo **uo** in **o** (*nocque*); può avere la riduzione in **o** in tutta la coniugazione. Vedi anche: *cuocere, muovere, scuotere*.

offrire

(tr., *ho offerto*)
Coniugazione simile a quella di **aprire** (p. 25). Forme irregolari: participio passato (*offerto*). Gli altri tempi e modi seguono le forme regolari della 3ª coniugazione.

perdere

(tr., *ho perso*)
Forme irregolari: passato remoto (*persi*) e participio passato (*perso*). Meno usate le forme regolari del passato remoto *perdei/perdetti* e del participio passato *perduto*.

persuadere

(tr., *ho persuaso*)
Forme irregolari: passato remoto (*persuasi*) e participio passato (*persuaso*). Gli altri tempi e modi seguono le forme regolari della 2ª coniugazione.

piacere

(intr., *sono piaciuto/a*)
Forme irregolari: presente indicativo e congiuntivo (*piaccio, piaccia*), passato remoto (*piacqui*). Gli altri tempi e modi seguono le forme regolari della 2ª coniugazione. Particolarità fonetica: pronuncia della **c** sempre "morbida", introducendo la vocale **i** davanti alle desinenze con la vocale **-a**, **-o**, **-u** (esempio: participio passato *piaciuto*). Particolarità lessicale: il verbo *piacere* è usato nel significato di "dare piacere a, essere gradevole per". Più frequente alla 3ª persona.

verbi come piacere

Compiacere (intr., *ho compiaciuto*): più usata la forma riflessiva **compiacersi** (*mi sono compiaciuto/a*); **dispiacere** (intr. e impersonale, *è dispiaciuto*).

Giacere (intr., *sono giaciuto/a*); **soggiacere** (intr., *sono soggiaciuto/a*); **tacere** (tr./intr., *ho taciuto*).

piangere

(intr., *ho pianto*)
Forme irregolari: passato remoto (*piansi*), participio passato (*pianto*). Gli altri tempi e modi seguono le forme regolari della 2ª coniugazione. Particolarità fonetiche: vedi note p.129.

verbi come piangere

Compiangere (tr., *ho compianto*), **rimpiangere** (tr., *ho rimpianto*).

Rifrangere (tr., *ho rifranto/rifratto*): il participio passato nella forma particolare (*rifratto*) ha il significato di "provocare una rifrazione di immagine" (linguaggio della fisica).

piovere

(intr. e impersonale, *ha piovuto/è piovuto/a*)
Si usa prevalentemente la 3ª persona singolare; le altre persone sono utilizzate solamente in senso figurato, con il

note

significato di "arrivare all'improvviso", oppure "arrivare in grande quantità".

verbi come piovere

Spiovere (impersonale, *ha spiovuto/è spiovuto*): usato esclusivamente alla 3ª persona singolare.

porre

(tr., *ho posto*)
Alcune forme derivano dal verbo latino "ponere" (imperfetto indicativo *ponevo*, imperativo *poni*, ecc.). Forme irregolari e particolari: presente indicativo e congiuntivo (*pongo, ponga*), passato remoto (*posi*), participio passato (*posto*).

verbi come porre

Comporre (tr., *ho composto*); **decomporre** (tr., *ho decomposto*), più frequente la forma riflessiva **decomporsi** (*mi sono decomposto/a*); **esporre** (tr., *ho esposto*); **imporre** (tr., *ho imposto*); **opporre** (tr., *ho opposto*); **proporre** (tr., *ho proposto*); **ricomporre** (tr., *ho ricomposto*); **scomporre** (tr., *ho scomposto*); **trasporre** (tr., *ho trasposto*).

potere

(intr., *ho potuto*)
Forme irregolari: presente indicativo e congiuntivo (*posso, possa*); il passato remoto ha anche la forma *potetti*, poco usata; il futuro e il condizionale hanno la forma contratta (*potrò, potrei*). Quando accompagna l'infinito di un verbo con ausiliare *essere* (es. *posso andare*), prende l'ausiliare *essere* (*sono potuto/a andare*), ma è accettato anche l'uso dell'ausiliare *avere* (*ho potuto andare*).

prendere

(tr., *ho preso*)
Forme irregolari: passato remoto (*presi*),
participio passato (*preso*). Gli altri tempi e modi seguono le forme regolari della 2ª coniugazione.

verbi come prendere

Apprendere (tr., *ho appreso*); **comprendere** (tr., *ho compreso*); **intraprendere** (tr., *ho intrapreso*); **sorprendere** (tr., *ho sorpreso*).

Appendere (tr., *ho appeso*); **arrendersi** (rifl., *mi sono arreso/a*); **ascendere** (tr./intr., *ho asceso, sono asceso/a*); **dipendere** (intr., *sono dipeso/a*); **discendere** (tr./intr., *ho disceso, sono disceso/a*); **offendere** (tr., *ho offeso*): raro il participio presente; **propendere** (intr., *ho propeso*): al passato remoto usa più frequentemente le forme regolari (*propendei*); **rapprendere** (tr./intr., *ho rappreso, è rappreso/a*): più usata la forma riflessiva **rapprendersi**, "il pane si è rappreso"; **scendere** (tr./intr., *ho sceso, sono sceso/a*); **spendere** (tr., *ho speso*); **trascendere** (tr./intr., *ho trasceso, sono trasceso/a*).

ridere

(intr., *ho riso*)
Forme irregolari: passato remoto (*risi*), participio passato (*riso*). Gli altri tempi e modi seguono le forme regolari della 2ª coniugazione.

verbi come ridere

Arridere (intr., *ha arriso*): usato normalmente alla 3ª persona; **deridere** (tr., *ho deriso*); **sorridere** (intr., *ho sorriso*).

Coincidere (intr., *ha coinciso*): usato normalmente alla 3ª persona; **decidere** (intr., *ho deciso*); **incidere** (tr., *ho inciso*); **uccidere** (tr., *ho ucciso*).

Corrodere (tr., *ho corroso*); **erodere** (tr., *ho eroso*); **esplodere** (tr./intr., *ho esploso, sono esploso/a*); **evadere**

(tr./intr., *ho evaso, sono evaso/a*); **implodere** (intr., *è imploso/a*): usato normalmente alla **3ª** persona; **perdere** (tr., *ho perso*); **preludere** (tr., *ha preluso*); **rodere** (tr., *ho roso*).

riempire

(tr., *ho riempito*)
Forme irregolari: presente indicativo e congiuntivo (*riempio, riempia*), gerundio (*riempiendo*). Gli altri tempi e modi seguono le forme regolari della 3ª coniugazione.

riflettere

(tr./intr., *ho riflesso/riflettuto*)
È transitivo nel significato di "riflettere un'immagine": passato remoto *riflettei,* (raro *riflessi*), participio passato irregolare (*riflesso*); è intransitivo e regolare nel significato di "pensare, meditare": passato remoto e participio passato regolari (*riflettei, riflettuto*).

verbi come riflettere

Flettere (tr., *ho flesso*); **genuflettersi** (rifl., *mi sono genuflesso/a*).

rimanere

(intr., *sono rimasto/a*)
Coniugazione simile a quella del verbo irregolare **tenere** (p.94). Forme irregolari: presente indicativo e congiuntivo (*rimango, rimanga*), futuro (*rimarrò*). Forme particolari: passato remoto (*rimasi*), participio passato (*rimasto*).

verbi come rimanere

Permanere (intr., *sono permaso/a, permanso/a*): rarissimo il participio passato.

risolvere

(tr., *ho risolto*)
Forme irregolari: passato remoto (*risol-si*) e participio passato (*risolto*). Il passato remoto ha anche due forme regolari (*risolvei/risolvetti*). Gli altri tempi e modi seguono le forme regolari della 2ª coniugazione.

verbi come risolvere

Assolvere (tr., *ho assolto*).

Devolvere (tr., *ho devoluto*), **evolvere** (intr., *sono evoluto/a*): il passato remoto ha le forme regolari della 2ª coniugazione (*devolvei/devolvetti, evolvei/evolvetti*); il participio passato ha una forma particolare (*devoluto, evoluto/a*).

rispondere

(intr., *ho risposto*)
Coniugazione simile a quella del verbo irregolare **prendere** (p.72). Forme irregolari: passato remoto (*risposi*).
Forme particolari: participio passato (*risposto*).

verbi come rispondere

Corrispondere (tr./intr., *ho corrisposto*), **nascondere** (tr., *ho nascosto*).

rompere

(tr., *ho rotto*)
Forme irregolari: passato remoto (*ruppi*) e participio passato (*rotto*).

verbi come rompere

Corrompere (tr., *ho corrotto*).

Interrompere (tr., *ho interrotto*).

salire

(tr./intr., *ho salito, sono salito/a*)
Forme irregolari: presente indicativo e congiuntivo (*salgo, salga*).
Gli altri tempi e modi seguono le forme regolari della 3ª coniugazione. Il participio presente *saliente* è usato con il significato di "importante, notevole".

note

verbi come salire

Assalire (tr., *ho assalito*): presenta anche una coniugazione come quella dei verbi in **-isco** (vedi *capire*, p.11). Passato remoto: *assalii* o più raro *assalsi*.

Risalire (tr./intr., *ho risalito la china, sono risalito/a in macchina*); **trasalire** (intr., *ho trasalito, sono trasalito/a*).

sapere

(tr., *ho saputo*)
Forme irregolari: presente indicativo e congiuntivo (*so, sappia*), passato remoto (*seppi*), futuro e condizionale con forme contratte (*saprò, saprei*), imperativo (*sappi, sappia*, ecc.).
Il verbo *sapere* può essere utilizzato anche come verbo modale o servile (es. *so leggere e scrivere*).

verbi come sapere

Risapere (tr., *ho risaputo*): la 3ª persona singolare del presente indicativo prende l'accento (*risà*).

scegliere

(tr., *ho scelto*)
Coniugazione simile a quella del verbo irregolare **togliere** (p.95).
Forme irregolari: presente indicativo e congiuntivo (*scelgo, scelga*), passato remoto (*scelsi*).
Forme particolari: participio passato (*scelto*).

scendere

(tr./intr., *ho sceso, sono sceso/a*)
Coniugazione simile a quella del verbo irregolare **prendere** (p.72).
Forme irregolari: passato remoto (*scesi*) e participio passato (*sceso/a*).
Gli altri tempi e modi seguono le forme regolari della 2ª coniugazione.

verbi come scendere

Accondiscendere (intr., *ho accondisceso*); **ascendere** (tr./intr., *ho asceso, sono asceso/a*); **discendere** (tr./intr., *ho disceso, sono disceso/a*); **trascendere** (tr./intr., *ho trasceso, sono trasceso/a*).

scindere

(tr., *ho scisso*)
Forme irregolari e particolari: passato remoto (*scissi*), participio passato (*ho scisso*).

verbi come scindere

Prescindere (tr., *ho prescisso*): il passato remoto è regolare e segue la 2ª coniugazione. Usato raramente il participio passato (*prescisso*).

Rescindere (tr., *ho rescisso*).

scrivere

(tr., *ho scritto*)
Forme irregolari: passato remoto (*scrissi*) e participio passato (*scritto*).

verbi come scrivere

Iscrivere (tr., *ho iscritto*); **riscrivere** (tr., *ho riscritto*); **sottoscrivere** (tr., *ho sottoscritto*); **trascrivere** (tr., *ho trascritto*).

scuotere

(tr., *ho scosso*)
In alcune forme riduce obbligatoriamente il dittongo **uo** in **o** (*scossi, ho scosso*); in altre forme può avere la riduzione in **o** (*scuotemmo/scotemmo*). Vedi anche: *cuocere, muovere, nuocere*.

verbi come scuotere

Percuotere (tr., *ho percosso*), **riscuotere** (tr., *ho riscosso*).

Ripercuotere (tr., *ho ripercosso*): è più usata la forma riflessiva **ripercuotersi**, specialmente alla 3ª persona (*si è ripercosso/a*).

secernere

(tr., *ho secreto*)
I suoi tempi e modi seguono le forme regolari della 2ª coniugazione, ad eccezione del participio passato (*secreto*). È usato specialmente alla 3ª persona.

sedere/-rsi

(intr., raro *ho seduto,* usato *mi sono seduto/a*)
Forme irregolari: presente indicativo e congiuntivo (*siedo, sieda*), futuro e condizionale (*siederò, siederei*). Poco usata la forma letteraria in **-gg** (*seggo, segga*) del presente indicativo e congiuntivo, e dell'imperativo. Il passato remoto ha due forme usate (*sedei/sedetti*), il futuro e il condizionale hanno anche la forma regolare (*sederò, sederei*). Usata specialmente la forma riflessiva **sedersi**.
Il verbo *sedere* ha il significato di "stare seduto/a", mentre *sedersi* indica l'atto di "mettersi seduto/a".

verbi come sedere

Possedere (tr., *ho posseduto*): il participio presente *possidente* si usa come sostantivo.

Soprassedere (intr., *ho soprasseduto*): non ha le forme in **-gg**.

seppellire

(tr., *ho seppellito/sepolto*)
Forme particolari: participio passato (*sepolto*), oltre alla forma regolare (*seppellito*). Gli altri tempi e modi seguono le forme regolari della 3ª coniugazione in *-isco*. Il participio presente non è usato. Vedi anche: **disseppellire**.

sorgere

(intr., *sono sorto/a*)
Forme irregolari: passato remoto (*sorsi*) e participio passato (*sorto/a*). Gli altri tempi e modi seguono le forme regolari della 2ª coniugazione. Particolarità fonetiche: vedi note p.129.

verbi come sorgere

Insorgere (intr., *sono insorto/a*); **risorgere** (intr., *sono risorto/a*).

spandere

(tr., *ho spanto*)
Forme particolari e rare: passato remoto (*spansi*), oltre alla forma regolare (*spandei*), e participio passato (*spanto*).

verbi come spandere

Espandere (tr., *ho espanso*): più usata la forma riflessiva **espandersi**.

spargere

(tr., *ho sparso*)
Forme irregolari: passato remoto (*sparsi*) e participio passato (*sparso*). Gli altri tempi e modi seguono le forme regolari della 2ª coniugazione. Particolarità fonetiche: vedi note p.129.

spegnere

(tr., *ho spento*)
Forme irregolari e particolari: presente indicativo e congiuntivo (*spengo, spenga*), passato remoto (*spensi*), participio passato (*spento*). Particolarità fonetiche: vedi note p.129.

spingere

(tr., *ho spinto*)
Coniugazione simile a quella del verbo irregolare **dipingere** (p.42). Forme irregolari: passato remoto (*spinsi*) e participio passato (*spinto*). Gli altri tempi e modi seguono le forme regolari della 2ª coniugazione. Particolarità fonetiche: vedi note p.129.

verbi come spingere

Respingere (tr., *ho respinto*), **sospingere** (tr., *ho sospinto*).

note

stare

(intr., *sono stato/a*)
Forme irregolari: presente indicativo (*stai, stanno*), passato remoto (*stetti*), futuro e condizionale (*starò, starei*), congiuntivo presente e imperfetto (*stia, stessi*). L'imperativo ha due forme usate (*sta'/stai*).

stringere

(tr., *ho stretto*)
Forme irregolari: passato remoto (*strinsi*) e participio passato (*stretto*). Gli altri tempi e modi seguono le forme regolari della 2ª coniugazione. Particolarità fonetiche: vedi note p.129.

verbi come stringere

Costringere (tr., *ho costretto*); **restringere** (tr., *ho ristretto*).

tacere

(tr./intr., *ho taciuto*)
Coniugazione e particolarità fonetiche simili a quelle del verbo irregolare **piacere** (p.67).

tenere

(tr., *ho tenuto*)
Coniugazione simile a quella del verbo irregolare **venire** (p.101).
Come nel verbo *venire*, quando la 2ª persona singolare dell'imperativo (*tieni*) si unisce ad un pronome, può provocare la perdita della vocale **i**, soprattutto nella forma riflessiva (tieni + ti = tie**n**ti).

verbi come tenere

Appartenere (intr., *ho appartenuto, sono appartenuto/a*).
Astenersi (rifl., *mi sono astenuto/a*); **attenere/attenersi** (tr., *ho attenuto/mi sono attenuto/a*); **intrattenere** (tr., *ho intrattenuto*); **mantenere** (tr., *ho mantenuto*); **ritenere** (tr., *ho ritenuto*). Quando la 2ª

persona singolare dell'imperativo si unisce ad un pronome, può provocare la perdita della vocale **i** (*astien**ti**/astie**ni**ti, attie**n**ti/attie**ni**ti, intrattie**n**ti/intrattie**ni**ti, mantie**n**ti/mantie**ni**ti, ritie**n**ti/ritie**ni**ti*, ecc.).

Sostenere (tr., *ho sostenuto*); **trattenere** (tr., *ho trattenuto*).

togliere

(tr., *ho tolto*)
Coniugazione simile a quella del verbo irregolare **scegliere** (p.82).
Forme irregolari: presente indicativo e congiuntivo (*tolgo, tolga*), passato remoto (*tolsi*), participio passato (*tolto*).

verbi come togliere

Distogliere (tr., *ho distolto*).

Accogliere (tr., *ho accolto*); **cogliere** (tr., *ho colto*); **incogliere** (intr., *sono incolto/a*); **raccogliere** (tr., *ho raccolto*); **sciogliere** (tr., *ho sciolto*).

tradurre

(tr., *ho tradotto*)
Per questo e per gli altri verbi in **-durre**, molte forme provengono dalla radice latina in "-ducere": presente indicativo e congiuntivo (*traduco, traduca*); passato remoto (*tradussi*), participio passato (*tradotto*). Forme particolari: futuro e condizionale (*tradurrò, tradurrei*).

verbi come tradurre

Addurre (tr., *ho addotto*); **condurre** (tr., *ho condotto*); **dedurre** (tr., *ho dedotto*); **indurre** (tr., *ho indotto*); **introdurre** (tr., *ho introdotto*); **produrre** (tr., *ho prodotto*).

trarre

(tr., *ho tratto*)
Forme particolari: indicativo presente (*traggo*), imperfetto (*traevo*), passato

remoto (*trassi*), futuro (*trarrò*); congiuntivo presente e imperfetto (*tragga, traessi*); condizionale (*trarrei*); participio passato (*tratto*).

verbi come trarre

Astrarre (intr., *ho astratto*); **attrarre** (tr., *ho attratto*); **estrarre** (tr., *ho estratto*); **ritrarre** (tr., *ho ritratto*); **sottrarre** (tr., *ho sottratto*).

udire

(tr., *ho udito*)
Verbo usato nel linguaggio poetico e letterario, nel significato di "ascoltare, sentire". Forme particolari: presente indicativo e congiuntivo (*odo, oda*), imperativo (*odi*). Nel futuro e nel condizionale esistono le forme contratte (*udrò, udrei*), ma sono poco usate; più usate le forme *udirò* e *udirei*.

uscire

(intr., *sono uscito/a*)
Forme irregolari: presente indicativo e congiuntivo (*esco, esca*), imperativo (*esci*). Gli altri tempi e modi seguono le forme regolari della 3ª coniugazione. Particolarità fonetiche: vedi note p.129.

verbi come uscire

Riuscire (intr., *sono riuscito/a*): usato nel significato di "essere capace di".

valere

(intr., *è valso/a*)
Forme irregolari e particolari: presente indicativo e congiuntivo (*valgo, valga*), futuro e condizionale (*varrò, varrei*), passato remoto (*valsi*), participio passato (*valso*).

verbi come valere

Equivalere (intr., *è equivalso/a*): usato più frequentemente alla 3ª persona.

Prevalere (intr., *ha prevalso, è prevalso/a*).

vedere

(tr., *ho visto*)
Il participio passato ha anche la forma *veduto* e le forme del futuro e condizionale sono contratte (*vedrò, vedrei*); i verbi composti in molti casi hanno solo un participio passato e il futuro e il condizionale nella forma non contratta.

verbi come vedere

Avvedersi (rifl., *mi sono avveduto/a*): futuro e condizionale in forma contratta come *vedere* (*mi avvedrò, mi avvedrei*). **Intravedere** (tr., *ho intravisto/intraveduto*).

Prevedere (tr., *ho previsto/preveduto*, raro): futuro e condizionale preferiscono le forme non contratte (*prevederò, prevederei*).

Provvedere (tr., *ho provvisto/provveduto*): il participio passato *provvisto* è usato specialmente nei tempi composti della forma riflessiva **provvedersi** nel significato di "attrezzarsi"; il participio passato *provveduto* si usa nel significato di "avere cura, prendere un provvedimento". Futuro e condizionale preferiscono le forme non contratte (*provvederò, provvederei*).

Ravvedersi (rifl., *mi sono ravveduto/a*): futuro e condizionale hanno anche la forma regolare, non contratta (*mi ravvederò, mi ravvederei*).

Rivedere (tr., *ho rivisto/riveduto*): doppio participio, futuro e condizionale con forma contratta, come *vedere*.

Stravedere (tr., *ho stravisto/straveduto*, raro): futuro e condizionale preferiscono le forme non contratte (*stravederò, stravederei*).

note

venire

(intr., *sono venuto/a*)
Coniugazione simile a quella del verbo irregolare **tenere** (p.94).
Come nel verbo *tenere*, quando assimila un pronome nella 2ª persona singolare dell'imperativo (*vieni*), può perdere la vocale finale **i** (*vienici/vie**nc**i, vienilo/vie**nl**o*, ecc.).

verbi come venire

Avvenire (intr. e impersonale, *è avvenuto/a*).

Divenire (intr., *sono divenuto/a*); **prevenire** (tr., *ho prevenuto*); **provenire** (intr., *sono provenuto/a*).

Sovvenire (intr., *è sovvenuto/a*): usato normalmente alla 3ª persona.

Svenire (intr., *sono svenuto/a*): futuro e condizionale non usano la forma contratta ma quella regolare (*svenirò, svenirei*).

vincere

(tr., *ho vinto*)
Forme irregolari: passato remoto (*vinsi*), participio passato (*vinto*). Gli altri tempi e modi seguono le forme regolari della 2ª coniugazione.

verbi come vincere

Convincere (tr., *ho convinto*); **evincere** (tr./intr., *ho evinto*); **stravincere** (tr., *ho stravinto*).

Contorcere (tr., *ho contorto*); **distorcere** (tr., *ho distorto*); **ritorcere** (tr., *ho ritorto*): più usata la forma riflessiva **ritorcersi**; **storcere** (tr., *ho storto*); **torcere** (tr., *ho torto*).

vivere

(tr./intr., *ho vissuto, sono vissuto/a*)
Forme irregolari: passato remoto (*vissi*) e participio passato (*vissuto*); futuro e condizionale con forme contratte (*vivrò, vivrei*). Usa indifferentemente l'ausiliare *avere* o *essere*. L'uso transitivo o intransitivo indica una leggera differenza di significato: "Ho vissuto una bella esperienza!", "Sono vissuto per 15 anni in Italia".

verbi come vivere

Convivere (intr., *ho convissuto, sono convissuto/a*) e **sopravvivere** (intr., *ho sopravvissuto, sono sopravvissuto/a*): usano indifferentemente l'ausiliare *avere* o *essere*; nel futuro hanno anche le forme regolari (*conviverò, sopravviverò*).

Rivivere (tr./intr., *ho rivissuto, sono rivissuto/a*): l'uso transitivo è più frequente; nel futuro ha solamente la forma contratta (*rivivrò*).

volere

(tr., *ho voluto*)
Quando accompagna l'infinito di un verbo con ausiliare *essere* (es. *voglio andare*), prende l'ausiliare *essere* (*sono voluto/a andare*), ma è accettato anche l'uso dell'ausiliare *avere* (*ho voluto andare*). Rara la 2ª persona singolare dell'imperativo *vogli*.

volgere

(tr./intr., *ho volto,* raro *sono volto/a*)
Forme irregolari: passato remoto (*volsi*), participio passato (*volto*). Gli altri tempi e modi seguono le forme regolari della 2ª coniugazione.
Particolarità fonetiche: vedi note p.129.

verbi come volgere

Avvolgere (tr., *ho avvolto*), **coinvolgere** (tr., *ho coinvolto*), **riavvolgere** (tr., *ho riavvolto*), **sconvolgere** (tr., *ho sconvolto*), **stravolgere** (tr., *ho stravolto*), **svolgere** (tr., *ho svolto*), **travolgere** (tr., *ho travolto*). Vedi anche: **rifulgere**, con forma particolare e rara nel participio passato (intr., *ho rifulso, è rifulso/a*).